幼稚園児を持つ親必読の「ジャック式」教科書

# 子どもはなぜ「跳び箱」を跳ばなければならないのか？

大岡史直

幼稚園児を持つ親必読の「ジャック式」教科書

# 子どもはなぜ「跳び箱」を跳ばなければならないのか？

大岡史直

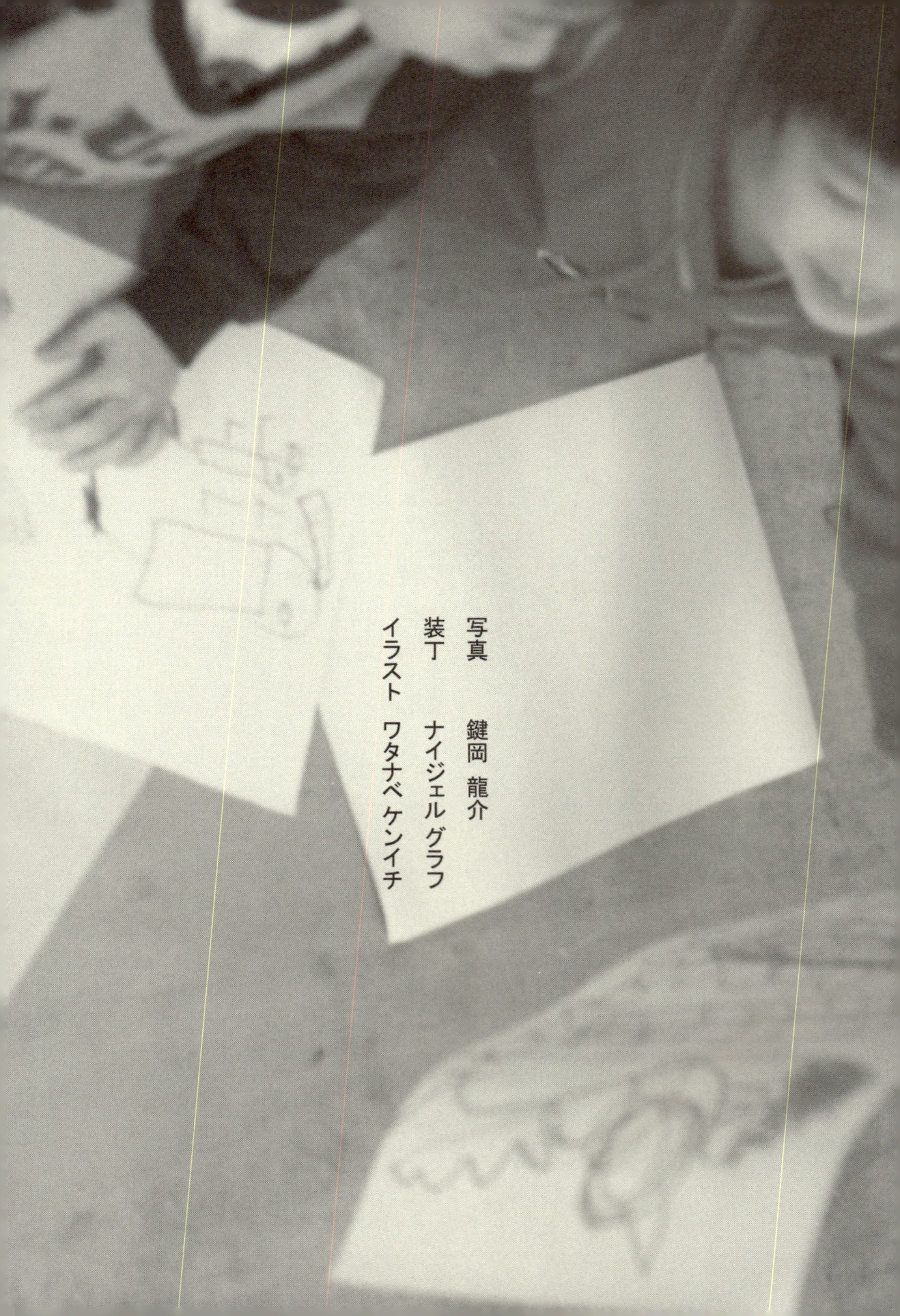

写真　鍵岡 龍介
装丁　ナイジェル グラフ
イラスト　ワタナベ ケンイチ

# はじめに

25年近くも幼児教育の現場に身を置いていると、幼児を取り巻く環境の変化にも敏感になる。たとえば幼稚園にしても、以前は2年保育が主流だったのが、今はほとんどが3年保育。2年保育の募集をやめる幼稚園さえ出てきている。幼稚園受験、小学校受験を志す家庭は増加の一途をたどり、受験をしない家庭でも、幼児期から、英語、スポーツ、音楽など、何らかのお稽古事をさせるのが普通になった。幼児教育への関心は、ますます高まっているようだ。

また、幼児自身についても、体力や運動能力の低下が懸念される一方で、体格や精神の面での発達は目覚ましい。そうした子どもたちと日々関わっていると、この状態なら年中児、すなわち満4歳の春には、初等教育を始めても充分に対応できるのではないかと感じるほどだ。

ところが制度面はといえば、日本では、明治5年（1872）、日本で最初の教育法令である学制に初等教育の開始は満6歳の春と定められて以来、今でもそれが続いている。教育改革の必要性が叫ばれてはいるものの、依然として飛び級などの画期的な制度は導入されず、旧態依然の状態が続いている。

つまり、充分な能力があるにもかかわらず、制度のために学校に上がることができず、個々の家庭の努力や考え方によって教育がなされているのが、4歳児5歳児の現状なのだ。

今、教育現場では、いじめ、落ちこぼれ、登校拒否などの問題が深刻化している。これはあくまでも個人的な意見だが、こうした状況を打破するための一つの方法として、今より2年早く初等教育を始め、教育の終了を2年早めるのではなく、その2年間を余裕ととらえて、節目節目で実社会を体験させるという考え方もあるのではないだろうか。そうした中で、子どもたちは、学ぶということの意味や学校の存在意義を肌で感じ、それによって意識が変わり、学校の在り方も変わっていくのではないだろうか。

もちろん、小学校入学の時期を変えるということは大改革であり、簡単にできることではないが、民間の塾と公立の小学校が協力して授業が行われるといった、以前は考えられなかった大きな変化が日本の教育界に起こり始めているところを見ると、案外、絵空事でもないかもしれない。ぜひ、前向きな議論を期待したいところである。

ただし、すでにお子さんをお持ちのみなさんは、政府の動きを待っているわけにはいかない。ならば、それぞれの家庭が主体となり、個々にやっていくしかない。せめてわが子だけでも、4歳、5歳という幼児期をより効果的に過ごし、その後の人生に備えさせる。実際の子育てにおいてもそうした視点が必要であり、行動に移す時期が来ているのだと思う。

生まれてから9歳（九つ）までは「つ」のつく、教育が必要な、長い人生の中でも屈指の重要な時期だ。そして、その時期をどう過ごすか、どう過ごさせるか――『跳び箱を跳ばせるか』は、ご両親にかかっている。本書を通し、ぜひ一人でも多くの方にこのことにお気づきいただき、わが子のこれからをどうするのか、真剣にお考えいただくきっかけになればと思っている。

はじめに 04

## 第1章 プレ義務教育のすすめ

「小学校へ入ってから」では遅すぎる 16
机に向かう習慣をつけよう 19
脳をトレーニングしよう 21
小さな頃から勉強すると勉強嫌いになる？ 23
家庭学習は、時間を決めて習慣にする 25
「勉強のおもしろさ」を学習する 29
本当の詰め込み教育とは 31

## 第2章 母親としての姿勢を正す

厳しくて優しい親、きつくて甘い親 35
子どもの意見を尊重する？ 38
子どもの意見を聞いてもいいとき、いけないとき 41

叱るは一生、褒めるは一瞬という母親 43
理論的に叱ることのデメリット 46
「ダメなものはダメ」でいいのです！ 51
個性って何？ 53
「個性を育てたい」とは言うけれど… 56
一度決めたことは親の都合で変えてはいけない 59
未熟な先生ほど、親が盛りたて育てていく 63
二兎を追う者、二兎を得る 65

## 第3章 父親がすべきこと、父親だからできること

母親とは違う視点からのサポートを 70
問題集や教科書には、必ず事前に目を通しておく 73
ほどほどの距離が功を奏す 76
「頑固オヤジ」でいいじゃないか 79

## 第4章 ココロを育む

一日の終わりには、その日の出来事を話す時間を作る 82

年長さんになったら、日記をつける習慣を　85
絵本をたくさん読み聞かせよう　87
読み聞かせのもう一つの楽しみ　90
一つでも多くの英雄体験を！　94
ペットを飼おう　97
ルールを守る　100
「謝る」ということ　102
胆力を養う　105
なぜ跳び箱を跳ばなければならないのか？　108
跳び箱を跳ぶことの本質とは？　110
名前に込めた親の思いを伝えよう　114

## 第5章　チカラを養う

マニュアル社会の弊害　117
コミュニケーション能力の欠如　120
自分で考えて行動するとは？　122

考える力を養う会話　124
〝なぞなぞ〟を楽しもう　127
違う道を通ろう　131
道を歩きながらできること　133
ある程度の知識も必要　136
お金の概念を教える　138
無駄遣いの経験は無駄ではない　140
お小遣いをやるときに、子どもと約束すべきこと　142
本当に集中力がないのか？　144

## 第6章　遊び考・運動考

伝統的な遊びで真の国際人に育てる　148
対戦型ゲームを見直す　151
テレビゲームは悪か？　154
日常の遊びで運動神経を培う　156

## 第7章　半歩先行く子育て論

「ありがとう」と言える子、言ってもらえる子 …… 162
「できるまで」より「楽しくなるまで」 …… 165
困るからではなく、楽しいから始めよう …… 168
やりたがったらさせるのか、やりたくなくてもさせるのか？ …… 172
好き嫌いがない子ではなく、嫌いなものでも食べられる子に …… 175
成績の良い人間と、社会で求められている人間は違う …… 177
先生を敬える子に …… 180
父親を尊敬する子に …… 183

## 第8章　成功だけを追い求めるより、絵になる人生を送らせたい

常に目標を持ち、それに向かって努力する …… 186
小さな小さな目標を立てる、そしてそれに向かってがんばる …… 188
「毎日○○をする」から、「○○ができるようになる！」へ …… 192
失敗も自信につなげる言葉かけ …… 195
成功体験で成功をイメージできるようにする …… 198

他人の成功を自分の成功にして喜ぶことが、成功体験につながっていく 200
自分は運がいいと思っている子は、積極的な人生を送ることができる 204
「運がいい」と思わせる 206
明日はきっとできる 208
成功だけをやみくもに追い求めるのではなく、絵になる人生を送らせたい 211

## 第9章　大岡流プレ義務教育実践編

思考力を養う 215
図形について 219
数の操作 221
卒園するまでにできるようにしたい１００項目 225

あとがきにかえて 234
幼稚園のうちに読んでもらいたい１００冊の本 236

# 第1章
# プレ義務教育のすすめ

## 「小学校へ入ってから」では遅すぎる



幼稚園児・保育園児に〝勉強〟をさせようとすると、とかく、「そんなに小さな頃から勉強をさせるなんてかわいそう」という反応が返ってきがちですが、本当にそうでしょうか？

もちろん、6歳の春になれば子どもはみんな小学校へ入学し、国語や算数の勉強を始めるのですから、「勉強はそれからで充分。幼児は遊びからさまざまなことを学ぶのだから、勉強なんて必要ない」といったご意見もあるでしょう。

しかし、ちょっと考えてみてください。

小学校1年生の授業は1コマ45分。それが1日に最低4コマあります。朝の会や帰りの会を含め、学校にいる時間のほとんどは、自分の机の前に座ってじっとしていなければなりません。さらに、家に帰ってからも宿題があります。つまり、小学校へ上がれば、どの子もみんな、一日の多くの時間を机の前に座って過ごすことになりますし、その大部分は勉強をすることになるのです。

3月までは、多少の規制はあったとはいえ、幼稚園・保育園でのほとんどの時間を遊んで過ごし、さらに家に帰ってきてからも自由気ままに遊んでいた子どもにとって、これはものすごい変化です。「小学生になったのだから」という理由だけで、いきなり「45分間おとなしく座っていなさい」と言われてもそう簡単にはいきません。「遊んでいないで、お勉強をしましょう」と言われても、簡単に切り替えられるものでもありません。苦痛に感じる子だっているでしょうし、我慢しきれなくて、友達とおしゃべりしたり、歩き回ってしまったりする子もいるでしょう。さらに、クラスに一人でもそういう子がいると、緊張感がなくなり、今まで何とか我慢をしていた子までもがおしゃべりを始めたり、勝手に立ち歩いたりするようになってしまいます。これがいわゆる学級崩壊です。そして、幼稚園・保育園と小学校との段差が大きすぎることが原因で起こる小学校1年生特有のこの学級崩壊は、「小一プロブレム」と呼ばれ、今や日本中の小学校で問題になっているのです。

「小一プロブレム」は、一部の限られた問題児が引き起こす、特別な現象ではありません。原因を作るのは、急激な変化に対応しきれない子なのです。その意味では、小学校に入った途端に問題児になる危険は、多くの子がはらんでいるといえるでしょう。

「こんなはずじゃなかった」と後々後悔しないためにも、就学前の生活はとても大切です。最近では、２歳児を対象に幼稚園の入園準備をする〝プレ幼稚園〟が人気を博しているようですが、本当は、義務教育の準備をする〝プレ義務教育〟こそが必要なのではないかと私は思います。

# 机に向かう習慣をつけよう

幼稚園・保育園に入園したら、それを機に、毎日決まった時間に机に向かう習慣をつけて欲しいと思います。学習机を用意する必要はありません。食事をしているテーブルで充分です。毎日同じ時間にきちんと机の前に座り、集中して〝何か〟をする時間を作ること。これが大切なのです。

時間的な目安としては、年少児で10分、年中児で30分、年長児なら1時間。これを目標にしましょう。幼児期には月齢によって成長に差がありますし、個人差も大きいので、焦る必要はありません。毎日少しずつでも続けることに重きを置きましょう。

まずは、ほんの5〜6分でいいから、毎日その時間になったら机の前に座るという習慣づけから始めます。この時点では、何をやるかはあまり問題ではありません。楽しい時間になるように、子どもが好きな遊びを一緒にするとよいでしょう。

こうして、数分間おとなしく、落ち着いて座っていられるようになってきたら、今度は親が〝やるべきこと〟を用意しておいて、それを一緒にやるようにしましょう（この〝やるべきこと〟については、次の項でご紹介するので、参考にしてください)。そうやって、子どもの様子を見ながら少しずつ時間を増やしていくといいでしょう。

「子どもは遊びから学ぶことがいっぱいあるのに、そんな風に机に向かう時間を作ったら、遊ぶ時間がなくなって、大切なことが学べなくなってしまう」と懸念する方が出てきそうですが、大丈夫。確かに、幼児にとって遊びはとても大切です。でもたとえば幼稚園児の場合、3時に幼稚園から帰宅したとして、8時に寝るまでの5時間。9時に寝るなら6時間。そのうちの1時間から1時間半くらいは食事や入浴などに取られるかもしれませんが、それでも少なく見積もって3時間半、多ければ5時間もの時間が自由に使えます。いくら大切だからといって、それを全部遊んで過ごさなければならないということはありません。1時間程度机に向かう時間を作ったとしても、子どもには充分に遊ぶ時間が残されているのです。それに、生活を見直せば案外無駄な時間は多いもの。親の工夫次第、考え方次第です。

# 脳をトレーニングしよう

次に、机に向かってやるべきことについて考えてみましょう。

たとえば、知育玩具と呼ばれる玩具で一緒に遊んだり、折り紙や塗り絵、お絵かきをしたり、パズルやビーズに取り組ませたりするのは、とても良いことです。書店には幼児向けのワークブックがたくさん売られているので、年齢に応じて利用するのもよいでしょう。

そうしたものの中に、ぜひ取り入れて欲しいものの一つに、絵本の読み聞かせがあります。「絵本の読み聞かせは寝る前に」との先入観を持っている方が少なくないようですが、それでは子守歌代わりにはなっても、学習効果はあまり期待できません。机の前に座り、絵本を読んだり、絵を見ながら話したり、読み終わった後で内容について感想を話し合ったりすることで、子どもはお話の世界を楽しみながらも、多くのことを学ぶことができるのです。

こんな風に話をすると、「小学校に入ったらすぐにやるようなことなのに、どうして就学前からやらせなければならないの?」という疑問を持つ方が出てくるかもしれません。でも、そんなことを言い始めればきりがありません。では、幼児の頃から体操教室に通うのはなぜでしょう? スイミングに通うのはなぜでしょう?「将来選手にするため」というご家庭は少ないはずです。それなのに、多くの子どもが体操教室やスイミングに通っている。そこには、体の柔軟性を養ったり、筋力や体力をつけたりという、何らかの目的があるはずです。

実はこれ、勉強も同じなのです。幼児のうちから脳を鍛え、将来に備える。そのために、何かを読んだり、考えたり、手指を使ったりするのです。断っておきますが、幼児期にこうした勉強をするのは、小学校に入ってから良い成績をとるためではありません。もちろん、結果として良い成績がとれる可能性は大いにありますが、それはあくまでも結果であって、目的ではないのです。

幼児期に大切なのは、「何を覚えたか」ではなく、「どれだけ脳を使ったか」。そう考えれば、何をやればいいのかも自ずと見えてくるでしょう。

# 小さな頃から勉強すると勉強嫌いになる？

意外なことに、「小さいうちから勉強なんかさせたら、小学校に入学する前から勉強が嫌いな子になってしまう」と思っている方が、少なからずいらっしゃるようです。

しかしながら、これは何ともおかしな話であって、〝勉強をする＝勉強嫌いになる〟などという図式はあり得ません。もし、勉強した結果、勉強嫌いになったとしたら、そこには何か別の原因があると考えるべきなのです。

たとえば、子どもは子どもなりに一生懸命やっているにもかかわらず、母親が期待するようには覚えられなかったり、できなかったりすることもあります。そんなとき、不用意に、「こんなこともできないなんて、やる気があるの？」と言ったり、溜息《ためいき》をついてみせたりしてはいませんか？ さらに、間違えたからといって詰問したり、上手にできなかったからといって怒ったりしてはいませんか？ 勉強をするたびに、親が不機嫌になり、怒ってばかりいたら、お子さんが勉強嫌いになるのは当たり前です。

手を伸ばせば届くところに遊びたいおもちゃがたくさんあり、やりたいこともいっぱいあ

お子さんは、ストレスを感じているのに、それを我慢して机に向かっているのです。親も、そうした心情を理解し、お子さんの気持ちを萎えさせるようなことをしないこと。幼児に厳しい言葉を投げかけても、発奮するどころか、気落ちするだけ。叱咤《しった》激励はもっと大きくなってからの手段と心して、まずは、お子さんにとって楽しい時間になるよう、充分な配慮と工夫をしていくことが大切です。

また、机に向かっている間、ずっと同じことをしていたのでは飽きることもあります。幼児が集中できる時間は、大人よりもずっと短い。親には短くても、お子さんにとっては長い時間なのです。お子さんの様子を観察し、『そろそろ飽きてきたな』『集中力が低下しているな』と感じたら、サッと切り上げて違うことを始める。あるいは、日頃のお子さんの様子から集中できる時間を見極めて、『今、この子は10分が限度だな』と思えば、10分でできることをいくつか組み合わせる。そうやって、子どもが飽きずに集中できるように持っていくことが大切です。

幼児に勉強させるということは、親にも忍耐と努力が求められる、とても手間のかかること。しかし、最初から『勉強すると嫌いになる』と決めつけて何もしないのは、親として考え方が間違っていると思います。

## 家庭学習は、時間を決めて習慣にする

家庭学習をする際には、最初にしっかりとスケジュールを決めることが大切です。まずは時間ごとに予定が書き込める1週間分のスケジュール表を用意し、幼稚園・保育園へ行っている時間、習い事に通う時間、必要であれば習い事の復習や練習をする時間など、すでに決まっているスケジュールを埋めていきます。こうして、空いている時間をはっきりさせてから、それぞれのご家庭の事情を充分に考慮し、最も無理なく続けられる時間を選んで家庭学習の時間を組み込んでいくのです。

また、一旦スケジュールを決めた後は、何があっても絶対に続けましょう。体調が悪い日も、熱のある日も、5分でも10分でもいいから、必ずその時間には学習をし、習慣にしてしまうのです。子どもには、習慣化したことを守ろうとする習性がありますから、家庭学習も一度習慣にしてしまえばしめたもの。母親が、「今日は遠足でかなり疲れたから、お勉強はお休みにしてもいいわよ」と言ったときでさえも、子どもの方から「でも、ちょっとだけする」などと言うようになります。

ところで、家庭学習というと必ず思い出す一人の生徒がいます。ある日のこと、緊急にお伝えしたい用件があり、自宅に電話をしたのですが不在のようでした。どうしてもその日のうちにお伝えしておきたかったので、夜9時過ぎに再び電話をしたところ、今度はお母様が出られました。そこで、「こんなに夜分遅くお電話しまして、申し訳ありません。実は8時過ぎにもお電話をさせていただいたのですが、お留守のようでしたのでこんな遅い時間になってしまったのですが…」と、一言断ってから用件を伝えようとしたところ、「あ、先ほどのお電話は先生だったのですね。実は、電話が鳴っているのはわかっていたのですが、うちでは8時から9時までは家庭学習の時間なので、電話が鳴っても出ないことにしているのです。大変失礼致しました」とおっしゃったのです。これには正直驚きました。

多くの家庭では、学習の時間とは決めていても、電話が鳴れば出ます。ともすれば、「ちょっとこれをやっておきなさい」と適当な問題を与えておいて、母親は世間話をしていることさえあります。さっさと問題をやり終えた子どもは、遊んだり、テレビを見たり…。これでは、せっかくの学習時間が台無しになるだけでなく、母親の不徹底な態度によって、子どもは家庭学習を甘く見るようになりかねません。

また、子どもがやる気のない素振りをしたり、露骨にやりたくないという態度を見せても、「そんなにやりたくないなら、やめてしまいなさい」と叱ったり、「今日はもういいから、明日からはちゃんとやるのよ」などと言ってはいけません。

そんなことを言って、本当に終わりにしてしまったら、『やる気がない素振りを見せたり、やりたくない態度をとったりすれば、勉強をしなくていいのだ』という悪い前例を作ることになってしまいます。今日がんばれない子が、明日がんばれる保証など、どこにもないのです。

反対に、子どもがどんな態度をとろうとも関係なく、怒っている素振りなど微塵《みじん》も見せないで、予定の時間まで淡々といつも通りに家庭教育を続ける母親は、子どもにとって脅威です。何をしても逃げられないと観念して、きちんと取り組むようになるでしょう。

世間には、「やる気のないときに無理強いしても意味がない」という意見があります。確かに、学習効果は低いでしょう。しかし、最初の段階での最大目標は、スケジュール通りに学習するという習慣づけ。そのためには、やる気があろうがなかろうが、具合が悪かろうが、眠かろうが、電話がかかってこようが、絶対にやらなければならないのだということを子どもに身をもって知らしめること。これが、子どもの自覚を促がし、家庭学習を習慣化するために、避けては通れない道なのです。

# 「勉強のおもしろさ」を学習する

私が理事を務める「ジャック幼児教育研究所」（以下ジャック）に通い始めたばかりのお子さんの中には、教室に入ると下を向いて黙り込んだり、ぐずったりする子がいます。無理もありません。友達もいない目新しい環境で、初めて「お勉強」をしなければならないのですから。けれども、そういったお子さんでも何回か通ううちに、楽しそうな笑顔になっていくものです。

ところで、味覚や嗅覚といった人間の嗜好は、学習していくものです。最初は苦いだけだったコーヒーやビールを美味しいと感じるのは、その苦さを学習した結果なのです。勉強も同じ。勉強がおもしろいということを、人間は学習するのだと思います。最初はつまらなかったり嫌だったりしても、1～2か月も真剣に取り組んでいると、だんだんとおもしろくなり、いつの間にか好きになっている。受験勉強がその良い例で、最初は「嫌だなぁ」と思いながら仕方なく塾へ通い勉強している子でも、しばらくすると、塾通いも、勉強も、嫌ではなくなっていることが多いものです。

人間は元来、できないことをできるようになりたいと思ったり、わからないことをわかるようになりたいと思う生き物ですから、できるようになれば嬉しいし、わかるようになれば楽しくなります。さらに、真剣に勉強に取り組むことで頭脳が鍛えられるため、頭脳が明晰に働くようになり、以前よりもスムーズに記憶できたり、考えたりできるようになりますから、前ほど勉強が苦痛でなくなるということもあるでしょう。

ともあれ、勉強が嫌いという子は、勉強のおもしろさに気づいていない子が多いのですから、何かのきっかけで真剣に取り組むことになれば、そのうち勉強のおもしろさに目覚めるはずだと私は思っています。

# 本当の詰め込み教育とは

「詰め込み教育」と聞くと、無理やり、いやいや、強制的に、点数をとるためだけに勉強して、試験が終わればすぐに忘れてしまう、そんな無意味な学習をイメージされる方がいらっしゃるかもしれません。でも、詰め込み教育は、本当に無意味で嫌なものなのでしょうか？

小学生の頃のことです。季節の星座をなかなか覚えられなかった私に、通っていた塾の先生は、「獅子 乙女 髪の毛 猟犬 蟹 北斗 牛飼い 海蛇 春の星空」、冬の星座は「おおいぬ とこいぬ をつれた オリオン の 牡牛 たいじを 双子見ている」と語呂よく並べて教えてくれました。リズムが良かったせいかすぐに覚えることができたばかりか、35年経った今もすらすらと出てきます。

歴史の年号を覚えるときに使った語呂合わせも楽しいものでした。たとえば平城京遷都は、「こんないいところはナイワ（710）と元明天皇」。年号だけでなく、時の帝が元明天皇という女帝であることまで覚えています。

私は、こうした経験から、詰め込み方が楽しく、そして楽に覚えることができるなら、基本的な知識を教える際にはとても効果のある学習法だと思っています。そして、勉強だけでなく絵の描き方を教えるときにも、コツを教え込むようにしています。たとえば動物なら、まずは顔と耳を分けて描くことを教えたうえで、それぞれの動物の特徴を一つか二つ、「こうやって描くんだよ」と実際に描いてみせながら教えるのです。そうすると、たいていの子が、〝伝わる絵〟を描くことができるのです。

世間には、何も教えなくても、動物園や図鑑で見た動物を上手に再現できる子がいます。けれど、そんな子は本当に稀《まれ》な例であって、ほとんどの子はそんなことはできません。でも、そういう普通の子だって、コツさえ教えてやれば、誰の目にも「クマ」とわかるクマを、「キツネ」とわかるキツネを、描くことができるのです。

上手に描いた絵は、幼稚園・保育園の先生やお友達に褒めてもらえます。褒められると嬉しくなってまた描きます。するとまた褒めてもらえるので、また描きます。そのうち、その子は絵を描くのが好きになり、暇さえあれば絵を描くようになるでしょう。そうやって、本当に絵が上手な子になっていくのです。

字を教えないで作文を書きなさいという親はいないのに、人間や動物の描き方を教えないのに、家族で動物園に行った絵を描かせようとする親は珍しくありません。でも、私に言わせれば、それはかなり無理なことを強いているのです。こんな話をすると、「描き方を教えたら、型にはまった絵しか描けなくなるのではないか」と心配される方が出てきますが、そんな心配は不要です。なぜなら、子どもというものはそんなに簡単に型にはまりませんし、仮にはまったとしても、その先には、その子の自由な発想の絵への発展があるのですから。

さて、ここでは絵を例にお話をしましたが、国語でも、算数でも、基本を身につける間は詰め込み教育でいいのです。それをいかに楽しくするのかは、親の腕の見せ所。ぜひ、お子さんの頭の中に、たくさんの知識を楽しく詰め込んであげてください。

# 第２章
# 母親としての姿勢を正す

# 厳しくて優しい親、きつくて甘い親

最近、ＴＶコマーシャルで「綺麗な女性より、輝いている女性を目指す」というフレーズを耳にしました。「綺麗な女性」と「輝いている女性」。ともすると混同しがちな表現ですが、よく考えてみると、両者にははっきりとした違いがあります。たとえば、容姿端麗な女性を、綺麗とはいいますが、必ずしも輝いているとはいいませんし、輝いている女性がみんな容姿端麗かといえば、そうとは限りません。

同じように混同しがちなものに、「厳しい親」と「きつい親」、「優しい親」と「甘い親」があります。

私の教室に通ってくる生徒は小学校入学前の幼児ですから、いつもは元気な笑顔を見せてくれる子でも、ちょっとしたきっかけでぐずることがあります。とりわけ、遠足や運動会があって疲れて眠いときや、通塾の際に車中で眠ってしまい無理やり起こされて教室へ来たときなどは顕著で、授業が始まってもピリッとしませんし、なかにはあからさまに泣いて嫌がる子もいます。

そんなとき、「こんなときに眠くなるなんて、まったく困った子ね。しっかりしなさい。まったくどういうことなの…」などときつい言葉で叱り、それでもぐずっていると、「そんな様子では今日は無理ね。もういいから、来週はきちんとやるのよ」と言い、私には、「先生、申し訳ありません。こんな様子ではみなさんのご迷惑になりますから、今日は連れて帰ります」と告げて、さっさとお子さんを連れ帰るお母様もいれば、「先生、ちょっとすみません」と一言断ったうえで子どもを教室の外へ連れ出し、どうしてここへ来ているのか、今何をしなければならないときなのかを子どもにもわかるように優しく話してやり、冷たい水を飲んだり顔を洗ったりして眠気を覚ましてから、「さあ、がんばろうね」と、教室へ戻ってくるお母様もいます。

さらに、帰りの車の中でも、眠くなって授業が受けられなかった子どもを怒り続ける親もいれば、そのことには一切触れず、がんばって授業を受けたことを褒める親もいます。私に言わせれば、きつい言葉で叱りながらも、授業を休むことを許した親は「甘い親」であり、子どもが泣こうがわめこうが、休ませることなく授業を受けさせた親は「厳しい親」です。そして、最初はどんなにひどい状態であったとしても、それを克服し、結果的にがんばって授業を受けた子に対し、責めるようなことは一切せず、がんばったことだけに注目して褒めてやれることが、母親の「優しさ」なのだと思います。

きつい親、甘い親になるのは簡単ですが、厳しい親、優しい親になるのは大変です。厳しく優しい親になるためには、まずは自分に厳しい人間でなければならないのですから。

# 子どもの意見を尊重する？

最近、「子どもの意見を聞いてから」とか、「子どもの意見を尊重して」といった声を耳にすることが多くなりました。確かに聞こえはいいのですが、果たしてどうなのでしょう？

たとえば、子どもが「ピアノを習いたい」と言い出したとします。いつかはピアノを習わせたいと思っていた母親は、これ幸いとさっそく先生を探し始めました。

最初にA先生、次にB先生の教室に見学に行ったところ、母親は、本格的だし、子どもの指導も上手なA先生に習わせたいと思いました。「この先生にお願いすれば、きっとピアノが上手になるだろう」。発表会の舞台でドレスを着てショパンを弾く娘の晴れ姿が脳裏をかすめます。一方、B先生の教室はといえば、楽しく音楽に触れさせることに重点を置いている感じ。楽しそうな雰囲気ではありましたが、「ちょっと違うな…」というのが率直な感想でした。

さて、ここまではっきりとした考えがあり、結論も出ているのであれば、「A先生はとっても良い先生ね。○○ちゃん、A先生に習うことにしましょう」とだけ子どもに告げ、さっそくA先生に習えばよいのです。

ところが、どういうわけか最近の母親は、子どもに、「どっちの先生が良かった？」とか、「○○ちゃんはどっちの先生にする？」なんてことを聞いてしまいます。もちろん「A先生」と答えてくれれば問題はありませんが、どちらを選ぶかは子ども次第。もし「B先生！」と答えたら、一体どうするつもりなのでしょう？

子どもの意見を尊重してB先生の教室に通うというのであれば、自分の判断よりも幼児の判断を信じるということ。何とも情けない話です。一方、自分の判断を優先してA先生に習おうと思えば、B先生を選んだ子どもを説得しなければなりません。「でもね、A先生はとっても良い先生よ。A先生についたら、○○ちゃんもきっと上手になれるわよ。厳しいかもしれないけれど、ママはA先生がいいと思うな」などという言葉だけですんなり納得してくれればいいのですが、それでも「B先生がいい」と言い張れば、「A先生の方がB先生よりピアノが上手なのよ」とか、「A先生の方がB先生よりもしっかりと教えてくれそうよ」と、子どもを説得するためとはいえ、B先生を少し悪く言うことになるかもしれません。さらに、それでも子どもは聞かず、「絶対にB先生がいい。B先生でなきゃ嫌」と意地を張ったり、駄々をこねて泣きわめいたりしたらどうでしょう。そんな状態になれば、家の中も何となく嫌な雰囲気になりますし、ご主人だって黙ってはいないはずです。「何をそんなにむきになっているんだ。別にピアニストにしようっていうわけじゃない。子どもの習い事なんだから、○○がいいという先生にお願いすればいいだろう？」と言われたり、「Bがいいって言ってるのに無理やりAに行けば、何かあるたびに、『私はB先生が良かったのに、ママが無理やりA先生って言ったんでしょ』なんて言ってふてくされるだろう。それで続かなかったら元も子もないんだから、今回はB先生にしたらどうだ」と諭《さと》されたりしたらどうでしょう？

みんなが嫌な思いをして、散々労力も時間も使って、その挙句、母親は自分の判断をさておき、子どもの意見を通さざるを得なくなってしまう。しかも、説得の過程で一度はけなしたB先生に習うのです。とても筋の悪い話です。

なぜ、あのとき、子どもに聞く必要があったのでしょう？

# 子どもの意見を聞いてもいいとき、いけないとき

人間は常に何かを選択しながら生きています。その中には、何を選んでもまったく影響がない判断もあれば、それによって人生が変わってしまうような重要な決断もあります。

たとえば、レストランのメニューなどは、何を選んでも大した問題はないのですから、子どもに食べたいものを選ばせればいいでしょう。洋服を選ぶときも同じです。赤か青かと迷ったときは、「あなた、赤いお洋服がいい？ それとも青にする？」と聞き、選んだ方を買えば、きっと喜んで着てくれるでしょう。

しかしながら、小学校を受験したら、A小学校とB小学校に合格した。さて、どちらを選ぼうかというときに、子どもの意見を聞くというのはどうでしょう？

確かに小学校に通うのは本人ですが、そんな大事なことを5歳、6歳の子どもに決めさせて、果たして本当に良い結果が出るのでしょうか？ そこまでの判断力が、子どもにあるのでしょうか？

これが中学校なら話は別です。その程度の年齢になっていれば、自分の考えもあるで

しょうし、多方面から考えることもできるようになっているでしょうから、親が勝手に決めるのではなく、子どもの意見も聞きながらじっくりと話し合って進学先を決めるべきです。たとえ両者の意見が違っても、理由を聞けば親の方が納得するという可能性もあります。

さらに、高校、大学と成長するに従って、親が口出しすべき場面は減っていきます。年齢とともに判断力や思考力が備わり、自分のことは自分で決めるようになり、その責任も自分でとるようになる。そうやって、人間は自立した大人になっていくのですから。

もちろん、子どもにだって人権もあれば、言い分もあります。そのすべてを無視して常に親の意見を押しつけていたのでは、良い結果にはつながりません。けれど、5歳、6歳の子どもには、好き嫌いの判断はできても決断はできません。大人と同じように扱うのは間違いです。

人には年齢相応の扱いがあります。それを考慮しないで、何でもかんでも子どもに聞いたり、大切な決定を子どもにゆだねたりするのは、親の責任逃れに他ならないと私には思えます。

# 叱るは一生、褒めるは一瞬という母親

今の親を見ていますと、褒める時間は短いのに、叱っている時間はとても長いと感じます。多分、理論的に叱ろうとするからでしょう。

たとえば、子どもが何か悪いことをしたとしましょう。そんなとき多くの母親は、「どうしてそんなことをしたの？ しない約束でしょ。あなたがママとの約束を守らないでそんなことをしたら、みんなも同じようにするよね。だって、本当はしてみたいんだもの。ママだってわかるわよ。でもね、みんながそうすると、どうなると思う？ 困るでしょ？ 危ないでしょ？ ○○ちゃんだって、それが危ないってことはわかるわよね。だから、してはいけないの。わかった？」といった感じで、理詰めで攻めて、子どもにわからせようとします。さらに、ここまで言って、子どもに「わかった。もうしない」と約束させて終わりにすればいいものを、「前にもこういうことがあったわね」とか、「これでもう3度目よ」とか、「あのときもママといろいろとお話をして、あなた、もうしないって言ったわよね」と、過去に遡《さかのぼ》って叱ったりもします。そうやって、理詰め、理詰めで攻めながら、子どもが泣いて謝るまで叱り続けるのです。これでは、どうしたって長い時間叱り続けることになってしまいます。

しかし、叱る時間の長さと叱った効果は比例しません。話が長くなると、子どもは集中力が続かず、結局すべてを受け流してしまうからです。それどころか、悪影響も多々生じます。

たとえば、ヒートアップした母親は、言わなくてもいい言葉を言ってしまいがちです。長時間叱り続けている母親の姿を目にし、聞くともなしに聞いていると、「なぜあなたはママの言うことがきけないの」「どうしてそんなこともわからないの」「何度言ったらわかるの」「いつも言っているでしょ」「いつからそんな悪い子になったの」「ねぇ、どうしてダメということをするの」…といった言葉が聞こえてきます。これでは叱るというよりも、〝あなたは悪い子だ〟と洗脳しているだけ。一番身近にいて、誰よりも信頼している大好きな母親からこんなことを言われたら、その子は〝自分は悪い子だ〟と思うしかありません。そして、〝自分は悪い子だ〟と思っている子は、本当に悪い子になってしまいます。

一方、褒めるときはどうかといえば、「あら、良かったじゃない」とか、「すごいね」とか、「よくがんばったわね。偉いわ」と言う程度で、簡単に終わってしまいます。まるで、「叱るは長く、褒めるは短く」をモットーにしているみたいです。

子育てでは、この逆をモットーにして欲しいところです。ずばり、「褒めるは長く、叱るは短く」。といっても、長々と褒め続けることは難しいでしょうから、叱る時間を短くすればいいのです。たとえば、「何が悪かったのか、わかっているよね。だったら、もうしないいね」とか、「あなたがそんなことをするなんて珍しいわね。これからは気をつけなさいね」と、ビシッと言って終わりにする。その程度でも、「悪いことをした」と思っている子には、充分なのです。

## 理論的に叱ることのデメリット

理論的に叱るということは、簡単にいえば、どうしてダメなのかという理由をいちいち話して聞かせることです。これは一見とても理にかなっているように思えますが、実は時間が長くなるだけでなく、もっと大きなデメリットもあります。

一つには、少し大きくなって知恵がつくと、ダメな理由を逆手にとって、「じゃあ、○○ならしてもいい？」「××しないから、やらせて」と反撃するようになることです。さらに大きくなると、「○○でなければ、その行為をしてもいいのだ」と勝手に解釈し、実際にやってしまう危険さえ出てきます。親は、『してはダメ』ということを守らせるために、わざわざ時間をかけ、理由を教えて納得させようとしているのに、これでは逆効果です。

また、小さな頃なら子どもの屁理屈も簡単に説き伏せることができますが、成長するに従って相手も手強くなってきます。ちょっとやそっとの理屈では説き伏せることが難しくなるでしょう。するとどうなるか。一つ例をあげてみましょう。

中学生・高校生にもなれば、女の子も男の子もいろいろなことに興味が出てきます。そして、その中には親にとってはあまり好ましくないものも数多く含まれています。たとえばおしゃれ。パーマをかけたい、カラーリングしたい、ピアスをしたい、マニキュアをしたい、お化粧をしたい…。子どもの欲求には際限がありません。それに対し、必死に歯止めをかけようとするのが親や学校です。やりたい子どもと、やらせたくない大人。当然、バトルが勃発します。たとえばこんな具合です。

**娘**「どうしてダメなの？ ママだってパーマかけてるじゃない」
**母**「だって、あなたはまだ子どもでしょ。子どもはダメなの」
**娘**「子ども子どもって言うけど、私はもう大人よ。電車代だって大人料金だし、結婚だってできる。それに、ママだっていつも、『もう大人なんだからしっかりしなさい』って言うでしょ」
**母**「何言っているの。それとこれとは別。それに、学校でもダメって決まっているでしょ。あなたは高校生なんだから、学校の決まりには従わなくちゃ。パーマなんかかけて学校へ行ったら、それこそ退学になっちゃうわよ」

**娘**「ふーん。だったら、学校にバレないように、夏休みの間だけならいいでしょ？　2学期が始まるときには、ちゃんとパーマを落として元に戻すから。ね、お願い！」

**母**「そ、そうねぇ…、まあ、それならいいけど…」

もう一つ例をあげましょう。

ある日、娘が携帯電話を欲しいと言い出しました。でも母親は、いろいろなトラブルのもとになると思うから、できれば持たせたくないと思っています。ここでバトルの勃発です。

**娘**「ねえ、何でダメなの？」

**母**「ママが中学生の頃にはそんなものなかったけど、全然困らなかったし、毎日とっても楽しかったわよ。だから、あなただってそんなものなくてもいいの」

**娘**「えー、ママが中学生の頃って、いつの話？　今はね、携帯電話くらい持っているのが当たり前なんだから」

母　「当たり前って、みんながみんな持ってるわけじゃないでしょ？　持ってない人だっているんじゃないの？」

娘　「いないわよ。みんな持ってるんだから。持ってないのなんてね、私ぐらいのものよ」

母　「またそんなこと言って…。○○ちゃんは真面目だし、持ってないんじゃないの？」

娘　「持ってますぅ」

母　「じゃあ××ちゃんは？　あのお宅は厳しいから、娘に携帯なんか持たせてないでしょ？」

娘　「とんでもない！　××なんて、小学生の頃から持ってたわよ」

母　「あら、そうなの。ねえ、本当にみんなが携帯電話を持ってるの？」

娘　「だから本当だって。みーんな持ってて私だけが持ってないから、このままだと仲間外れになっちゃうんだから。ね、だからお願い！」

母　「そうなの…。そういうことなら、仕方ないわね。今夜パパが帰ってきたら、相談してみましょう…」

最初は絶対にダメだと思っていたはずなのに、話しているうちにどんどん風向きが変わり、最後には、母親の気持ちは買う方向に傾いています。完敗です。

このように、いちいち理由をあげては、「だからダメなのよ」と言っていると、子どもは次第に親のあげた理由をクリアする別の条件を提示して、自分の言い分を通そうとするようになります。結局は子どもに押し切られてしまうことにもなりかねません。

もちろん、ダメな理由をきっちりと伝え、子どもを納得させることも必要ですが、それだけでは不充分。ときには別の対応が必要なのです。

## 「ダメなものはダメ」でいいのです！

理屈だけで子どもを育てようとすると、やがて限界が来ます。ならばどうするか？

簡単です。「ダメなものはダメ」とはねつければいいのです。「ならぬものはならぬ」を通せばいいのです。

昔の母親は、今の母親ほど学問もなかったし、子育てに関する情報も少なかったせいか、理屈で子どもを育てるなんてことはありませんでした。ときには感情的になったり、思わず手が出たりして、良い面ばかりではなかったかもしれませんが、威厳がありました。「お母様がダメと言ったら、何が何でもダメなんです！」と突っぱねる強さがありました。「どうしてダメなの？」と食い下がる子どもに、「お母様がよくよく考えて、それでダメだと言っているのだから、理由なんか関係ありません。お母様がダメだと言う。それが理由です。このお話はこれで終わり！」ときっぱり伝え、あとは何を言っても取り合わない、毅然とした存在でした。

私は、今でもこうした母親の姿が間違っているとは思わないし、そうした態度が子どもに悪影響を与えるとも思いません。友達のように、仲良くアイドルやファッションの話をしたり、腕を組んでショッピングを楽しんだりするのも悪くはありませんが、それはそれ。ときにはあくまでも親として、毅然とした態度で臨むことも必要です。そして、それができるのは、幼い頃から必要に応じてそうした態度で臨んできた場合だけ。ある日突然、「ダメなものはダメ！」と言ったところで、子どもには通じません。

世の中には、明確な理由があってダメなこともあれば、いろいろな事情からダメなこともあります。その人の考え方次第で、良し悪しが分かれるケースだってあります。

子どもを育てるうえでも、きちんと理由を伝え、理論ずくで納得させる場合と、「ダメなものはダメ」と力技で持っていく場合があっていいと私は思います。大切なのはその使い分け。それをきちんとやっていけば、子どもは次第に、「ママがダメなものはダメと言ったときは、何を言っても、何をしても、絶対にダメなんだ」と理解し、諦《あきら》めるようになるでしょう。

# 個性って何？

自分の子が人と違うことをすると、「この子の個性だから」なんて言う親がいます。しかしながら、みんなと違うことをすることだけが個性ではありません。ただの変わり者かもしれません。

個性とは、人と同じことをしながらもどこか違う、一味違うというもの。みんなと同じことをしている中で芽生えてくるものであり、みんなと同じように取り組んで、同じように努力しているのに、その人のもともと持っているものによって違う形になって出てくるものが個性であって、最初から同じようにしないで勝手気ままにしていることを個性というのではありません。これは、大きな勘違いです。

最近の個性尊重の風潮は、人と違うことをすることを認めるという間違った方向に親を導いているようで、とても残念に思います。

さらに困ったことに、何かを指摘されたり、指導されたりしたときに、「先生がそんなことでは、せっかくのこの子の個性がなくなってしまう」なんてことを言う親まで出てきました。さすがに国語や算数ではそういう方も少ないのですが、芸術関係になると途端に個性尊重が頭をもたげるようです。たとえば絵。「絵の描き方を教えられたら、個性のある絵が描けなくなってしまうのではないか」とおっしゃる方がいらっしゃいます。ピアノもそう。「自在に弾いていたのに、先生がこういう風に弾きなさいと指導したから、型にはめられてしまってダイナミックさに欠けてしまった」と嘆く方がいらっしゃいます。教えられることによって、個性がなくなるというのです。

しかしながら、すべて物事には基礎があり、それを積み重ねた上にようやく出てくるものが個性です。基本を教えられたからといって、その子の個性が無くなるなんてことは絶対にありません。百歩譲って、他人に指摘されたことで何かが無くなってしまったとしても、そんなものは個性ではありません。個性とは、踏まれても踏まれてもそこから何とかして伸びようとする強い強いものなのです。

もちろん、勉強しても勉強しても覚えられない、すぐに忘れてしまうというような子が、「自分は頭が悪い。何をやってもダメだ」と落ち込むのではなく、「俺って、みんなと何か違うなぁ」と、自分で良いように解釈していくことは悪いことではありません。

ただ、近くにいる親が、人の輪から出ようとしている子や、人と違うことをしようとしている子を、「これも個性だから」という言葉で野放しにするのは絶対に間違っていると私は思います。

# 「個性を育てたい」とは言うけれど…



最近の親は、事あるごとに「個性を大切に育てたい」「個性を伸ばしてやりたい」と口にします。みんなと同じではなく、自分で考えて行動できる子になって欲しいと思っているのでしょう。

ところが、そう言っている本人はといえば、自分で考えて行動する人はとても少ないような気がします。

たとえば私の教室に来られるお母様方にしても、「〝みなさん〟、どのような問題集をお使いですか?」「〝みなさん〟、一日にどれくらいお勉強されているのでしょう?」「〝みなさん〟、どのような観点で志望校をお決めになられるのでしょう?」「〝みなさん〟、どのあたりの学校をお受けになるのでしょう?」「〝みなさん〟、何校くらい受験されるのでしょう?」…と、なにかにつけて〝みなさん〟の動向を気にされる方がほとんどです。

子どもの能力は一人ひとり違うのだし、それぞれの家庭の事情もあるのだから、その子にあった問題集を選び、必要に応じて勉強し、自分たちが良いと思う学校を受験すればいいことであって、〝みなさん〟がどうするのかなんてまったく関係がないはず。なのに、多くのお母様方は、〝みなさん〟の動向を、それはそれは気にしているのです。

世の中を見回せば、ありとあらゆるランキングがそこかしこにあふれています。映画館しかり、書店しかり…。こうしたランキングの多くは、いわゆる人気のあるもの、すなわち〝みなさん〟の動向に他なりません。物も情報もあふれる今の時代、ランキングの尊重は、ハズレを引かない合理的な方法といえるかもしれません。けれど、そうした情報に頼って生活するということは、〝みなさん〟の意見を安易に受け入れるということ。自分で考えて行動することからは、離れていってしまうように思うのです。

個性的といえば、私には印象的なエピソードがあります。

以前、体験授業を受けに来られたあるお母様から、授業の後で、「小学校受験をするためには、それぞれの学校が求める〝型〟にはめる必要があるのでしょうか？」と聞かれたことがありました。体験授業後の質問といえば、「うちの子、どうでしたか？」とか、「うちの子でも、今からがんばれば何とかなりますか？」といった具合にお子さんの評価を求められることが普通です。とても不思議に思って、「どうしてそんなことを？」とお聞きしたところ、「もし、先生の型にはめられるのでしたら、その前に私が作った型を取り除いてから通わせたいと思って…」とのこと。とてもユニークな視点ですし、それを臆することなく言えることに、なかなかマネのできない個性を感じました。

周りに流されないようにするのは、とても勇気のいることです。でも、人は何かにこだわりを持っている人を、〝個性的な人〟というのではないでしょうか。

# 一度決めたことは親の都合で変えてはいけない

幼稚園・保育園に入ると、子どもの行動範囲が格段に広がり、交友関係も増えるため、親子ともに外からの影響を受けることも多くなります。親としての〝ものさし〟をしっかり持っていないと、その場の雰囲気に流されたり、周囲の目が気になったりして、子育ての指針がぶれてしまうかもしれません。

たとえば幼稚園からの帰り道、「3時になったらおうちに帰りましょうね」と約束をして公園に寄ったとしましょう。ところが、偶然にも幼稚園のお友達が来ていて一緒に遊ぶことになり、母親同士も会話が弾みました。さて、3時になりました。お友達親子はまだ帰る気配がありません。こんなとき、あなたは最初の約束通りに帰ることができるでしょうか？

「○○ちゃんがもっと遊ぼうって。僕も遊びたい。だからもうちょっとだけ遊んでから帰ろうよ。ね、ママ、いいでしょ？ お願い!!」などと懇願され、「しょうがないわねぇ。じゃあ、30分だけ、3時半になったら、本当に帰るわよ」と、簡単に時間を延ばしてしまったり、あなた自身「帰る」と言い出しづらくなってしまって、何となくダラダラと帰宅時間が遅くなったりということはありませんか？

もう一つ例をあげましょう。あなたはいつも夕食に影響しないよう、おやつは一定の量だけと決めています。ある日、お友達が遊びに来たので、いつもと同じだけおやつを出したところ、あっという間に食べてしまいました。そんなときあなたは、「今日のおやつはこれでおしまい！」と言えるでしょうか？

「お腹がすいているのかしら？」「少なすぎたのかしら？」「もっと出した方がいいかしら？」「出さないとケチだと思われるかも…」などと思い、ついついおかわりを出してはいませんか？　子どものお友達から「もっと食べたい」とか、「これじゃあ少なすぎるよ」なんて言われたらどうでしょう？

前述の二例は、どちらも、いつもとは違う特別な日。母親は、「今日は特別」と思っているかもしれません。しかし、残念ながら子どもにそれは通用しません。〝「もっと遊びたい」とお願いしたら、帰らないで遊んでいられた〟〝「もっと食べたい」と言ったら、おやつがたくさん出てきた〟これがすべてです。こういうことをしていると、子どもは母親の対応から、〝言えば通る〟と学んでしまいます。さらにやっかいなことに、言っても通らないと、泣いたりわめいたり駄々をこねたりして、何とか自分の言うことをきかせようとするようにもなります。周囲の状況によって親の〝ものさし〟が変わった弊害といえるでしょう。

最初に3時に帰ると言ったら、必ず3時に帰る。いつもおやつは〝これだけ〟なら、お友達が来ているときも〝これだけ〟を通す。その姿勢が何よりも重要なのです。

生活習慣についても同じことが言えます。いつもは9時に寝るのに、翌日がお休みだと、「明日はお休みだから、今日は少し遅くなっても大丈夫ね」などと言って、大人の都合で就寝時間を遅くすることはありませんか?

本来9時に寝るのは、体の成長や健康のためだったり、規則正しい生活を身につけるためだったりするのであって、翌朝早起きすることだけが目的ではないはずです。ならば、翌日がお休みでも、関係ないはず。確かにお休みの日は遅くまで寝ていられるでしょうが、それは大人の事情です。

子育てでは、ちょっとした油断が後々大きな問題になることもあります。一度決めたことは親の都合で変えない。それが私の言う〝ものさし〟です。体裁を考えるあまり、大事なものを見失わないようにしてください。

## 未熟な先生ほど、親が盛りたて育てていく

「今年の担任はアタリだわ」とか、「この子は先生運が悪くて、ハズレばっかり」というように、先生のことをアタリ・ハズレで評価することがあります。けれど、先生は宝くじとは違います。運が悪かったと諦めて、愚痴を言いながらも1年間も2年間も放っておくなどもってのほか。本当に頼りない先生、未熟な先生、これはどうなのかなと疑問に思うような先生に当たってしまったときこそ、親の出番です。

まず第一に、どんな先生でも子どもの前でけなすようなことは絶対にしてはいけません。『なんてダメな先生なのだ』と本心では呆れていても、子どもの前では、先生の良いところだけを取り上げて褒めるようにし、『自分はとても良い先生に教えていただいているのだ』と思わせておくことが大切です。

また、先生本人に対しても、敬意を持って接するべきです。人間は期待されると、それに応えようとする生き物です。教育心理学ではこれをピグマリオン効果といい、期待された方が成果を出したという実験結果も報告されています。逆に、ゴーレム効果とい

って、期待されないと成績が下がるものなのです。ですから、先生に対しても、「期待していますよ」ということを折に触れて伝え、激励することで、先生のやる気を引き出していくべきなのです。

もう10年以上も前になりますが、私のクラスに慶応義塾大学の教授のお子さんが通っていたことがありました。とても熱心なお父様で、授業を毎回参観され、熱心にメモをとり、授業が終わった後で質問をされることもよくありました。年齢的に見ても社会的立場から考えても、確実に目上の方でしたが、子どもの前で30歳そこそこの若輩者の私に、最上級の敬意を払って接してくださったことを今でも鮮明に覚えています。そして、当時の私はその期待に何とかして応えようと、必死になってがんばったものでした。

不平不満を募らせたり、陰で悪口を言っているだけでは、何も変わりません。先生を育てるのは、父兄のまなざしであり、態度であり、言葉です。ぜひ、先生を盛りたて、その気にさせ、がんばらせて、本当に良い先生に育てて欲しいと思います。

# 二兎を追う者、二兎を得る

私が勤務するジャックは首都圏に17教室あり、合わせて1000人以上の年長児が通っているのですが、そのうちの約3割のお子さんは、土曜日のクラスに集中しています。理由はいくつかあるのですが、その最も大きな理由の一つに、〝働くお母さん〟が増えたことがあげられます。

その昔、結婚と同時に仕事を辞めて家庭に入り、夫や子どもの世話をするのが女性の生き方だと考えられている時代もありましたが、最近は、結婚しても仕事を続けるケースが増えてきました。家庭と、仕事と、子育てと…、一人で何足もの草鞋《わらじ》を履いてがんばっておられる女性も少なくありません。私の教室にも、フルタイムで働きながら、お子さんとともに小学校受験を目指されているお母様が何人もいらっしゃいます。

ところで、そうしたお母様方とお話をしていると、少なからず、ご自分が仕事をしていることに負い目を感じていらっしゃるのに気づきます。「私が仕事をしているせいで、子どもに寂しい思いをさせているのではないか」「子どもに負担をかけているのではないか」…言葉の端々に、そうした思いが察せられるのです。

しかし、そんな心配は不要です。実は、私自身、幼稚園の頃から母が仕事をしていましたから、一つ上の姉と二人で留守番をすることがよくありましたし、母親の帰宅が深夜になるときには、作っておいてくれた夕食を二人で食べ、先に寝ていることもありました。全然寂しくなかったといえばウソになりますが、母が働くことを嫌だと思ったことはありません。なぜなら、活き活きと仕事をしている母親は私にとって自慢でしたし、輝いている母親の姿を見るのは、とても嬉しいことだったからです。お子さんも、きっと同じように感じていることだと思いますから、自信を持って仕事を続けて欲しいと思います。

ただ、二つ、気をつけて欲しいことがあります。

一つは、どんなに疲れていても、家事が溜まっていても、仕事でトラブルを抱えていても、必ずお子さんの話を聞くこと。保育園で一日過ごしたお子さんは、楽しかったこと、嬉しかったこと、先生に褒められたこと、悔しかったこと、お友達と遊んだこと、ケンカしたこと…あれもこれも大好きなママに話そうと、ワクワクして待っています。

それなのに、ようやくお迎えに来てくれたお母さんが、難しい顔で考え込んでいたり、疲れた表情で溜息をついたりしていたら、お子さんの気持ちまで沈んでしまいます。「今忙しいから後でね」と話を制したり、何を話しても上の空だったりしたら、ワクワクは落胆に変わります。そんなことが度重なれば、それこそお子さんは、自分が愛されているという実感が持てなくなってしまうでしょう。短い時間でいいのです。頭の中を空っぽにして、お子さんの話を聞く。それだけで、お子さんはとても幸せな気持ちになれるはずです。

そしてもう一つは、母親としてのアンテナの感度を良くしておくこと。一緒にいる時間が短い分、ちょっとした表情や仕草にも注意し、わが子が今何に興味を持っているのか、どんなことを考えているのか、敏感に感じ取って欲しいのです。たとえば、お友達が字を書けるようになったという話をしたり、おばあちゃまからの手紙を何度も見返したり、ペンや鉛筆を触ってばかりいるようなら、「自分も字が書けたらいいな」と思っているかもしれません。「7時からのテレビはまだ始まらないの？」「何時になったら寝るの？」と、何かにつけて時間を口にしたり、ちらちら時計を見たりしていたら、時計や時間に興味を持っている証拠です。「馬を水際まで連れて行くことはできても、飲みたくなければ飲まない」という話がありますが、子どもも同じです。興味を持っているときには、驚くほどのスピードで吸収し、自分の知識にしていきますが、そうでないときに無理やり教えようとしても、ちっとも覚えてはくれないものです。せっかく知りたがっているのですから、そのタイミングを逃さずキャッチし、ぜひ教えて欲しいと思います。

また、幼くてもプライドがあります。保育園であったことをすべて話してくれるとは限りません。自分に都合の悪いこととなればなおさらです。仲良しの友達とケンカをし、仲直りができないままかもしれません。悪いことをしたのに素直に謝れず、そのモヤモヤを抱えているかもしれません。心の中を見ることはできませんが、ちょっとした表情や仕草、話し方から、そうした心のひだをぜひ察知して欲しいと思います。

仕事を持っていることで、短い時間しか一緒に過ごすことができなくても、その時間を充実させることができれば、子どもは母親に愛されていると実感できます。時間をかけることはできなくても、心をかけることができれば、お子さんとの絆《きずな》は深まります。大切なのは時間の量ではなく、密度なのだと思います。

# 第３章
# 父親がすべきこと、父親だからできること

# 母親とは違う視点からのサポートを

以前に比べ、育児に積極的に参加する父親が増えたといわれます。確かに、休日に子どもをどこかへ連れて行ってやったり、近所の公園で一緒に遊んでやったりする父親は増えているようで、私もそうした姿をしばしば見かけます。さらに今後働く母親が増加するにつれ、父親の育児への関わりはますます深まっていくことでしょう。けれど、現時点で実際に父親が子育てをしているかという点では、少々疑問があります。私の印象では、実際の育児を担っているのは依然として母親であり、とりわけ、日々の教育となると母親がほとんど一人で決めて、実行しているように感じられるのです。

たとえば、何かしらの目標を立て、それに向かって努力するということは、子どもを育てるうえでとても大切な取り組みなのですが、これにしても、父親はほとんど参加せず、母親と子どもだけで目標を立て、達成を目指してがんばるというケースが多いようです。

しかしながら、父親が子どもの目標を知っていることは、実はとても重要です。なぜなら、父親には父親の視点があり、母親とは違う角度から子どもの目標達成をサポートできるからです。

もし、父親がわが子の目標を知っていれば、それを達成するために、その子に今何が必要なのかを考えるでしょうし、自分に何がしてやれるかを考えるでしょう。その結果、たとえば、「目標を達成させるためには、○○へ連れて行って××を見せることが必要だ」と思えば、夏休みの家族旅行の行先を変更するかもしれません。

少々受験寄りの話になりますが、最近、とある小学校の入試の親子面接で、「お父様は、この夏休みをお子様とどのように過ごされましたか?」という質問がされました。これに対し、あるお父様が、「『普段、子どもたちと長い時間を過ごすことが難しいので、この夏休みを利用して、北海道の旭山動物園に連れて行ったり、横浜の八景島へ連れて行ったりしました。それから、富士山にも行きました。5合目まで車で行き、そこから7合目までは歩いて登りました。そうした多くの経験を積むことができた夏休みでした』と答えてきました」とご報告くださいましたが、残念ながら、これでは合格点は望めません。なぜなら、単に連れて行くだけなら、友達の親でも、親戚でも、近所の方でもできるからです。

この質問で学校側が知りたいのは、父親と子どものつながりです。ですから、父親がどれだけ子どものことを知っていて、その成長のためにどのようなことをしているかということをアピールしなければなりません。つまり、もっと踏み込んだ答えが必要なのです。

その点、父親がわが子のこの夏の目標を知っていて、達成するためにはどのようなことをしていけばよいのか一緒になって考え、できる限りのサポートをしながら、ともに努力したとなれば、理想的な親子関係が垣間《かいま》見えます。目標が達成できてもできなくても、問題はないのです。

もっとも、これは試験に限ったことではありません。子育ての本来の姿とはこういうものだと私は思います。もちろん子どもの目標が、「一人でパジャマに着替える」とか、「おねしょをしないようにする」といった場合には、父親の出る幕はないでしょう。しかし、たとえそういう場合でも、子どもの目標を知っていること、そして、できる限り協力すること、その姿勢が大切なのです。

## 問題集や教科書には、必ず事前に目を通しておく

もし、小学校受験をするのなら、子どもが取り組む問題集には、父親にも必ず目を通して欲しいと思います。じっくりと分析する必要はありません。とにかくざっとでいいからひと通り目を通し、どんなことを勉強するのか頭に入れておいて欲しいのです。

もし父親が、「シーソーを使って重さ比べをする問題があるんだ」と知っていれば、休日、家族で公園へ行き、実際にシーソーで重さ比べをしながら遊ぶことができます。水に浮く物や沈む物を選ぶ問題があるとわかっていれば、子どもと入浴したとき、いろいろな物を湯船に入れて遊びながら、物には、水に浮く物と沈む物があるのだと教えることができます。

実は、父親が遊びを通して教えられる知識は、日常生活の中にたくさんあるのです。実体験を通して得た知識は、実際に問題に取り組むときの下地になります。下地がある子とない子では、同じように教えられてもその理解度は格段に違いますから、これはとても大きなサポートです。

ところが多くの父親は、子どもが近い将来何を学ぶことになるのか知らないものだから、何を教えたらいいのかわかりません。結局、せっかくのチャンスを活かすことなく、毎日を過ごすことになります。もちろん、母親にだって下地を作ることが絶対にできないわけではないのですが、実際には、子どもと一体化して日々の子育てや目先の勉強に取り組むのに精一杯。余裕のない状態で無理にやろうとすれば、遊びが遊びでなくなってしまいます。遊びを通して楽しみながら必要な知識を学ばせるなどということは、少し距離のある父親にだからこそできることなのです。

さらに、小学校に入ってからも同じことがいえます。その学年で何を勉強するのかがわかっていれば、前もって経験させてやることができます。理科で植物を栽培して観察するとわかっていれば、一緒に庭に花壇を作って植物を育てることができますし、社会で道路標識を学ぶとわかっていれば、道路を歩きながら、そこにある道路標識を話題にすることができます。同じ夏休みでも、教科書を読んだ父親と、読んでない父親では、考え方が違ってくるでしょう。

なお、問題集や教科書に目を通すときは、ぜひお子さんが見ている前で、「おっ！こんなことを習うのか。おもしろそうだな」とか、「これ、お父さんも昔やったよ。楽しいんだよなぁ」と言いながら、本当に楽しそうにページをめくってください。すると子どもの中には、『これから始まるお勉強は、おもしろい、楽しい』という先入観が生まれます。

そして、本当に楽しめるようになるのです。

# ほどほどの距離が功を奏す

一般的に考えると、父親は、母親に比べ、どうしても子どもと接する時間が短くなります。なかには、仕事の都合で毎日帰りが遅かったり、出張が多かったりして、ウィークデーには食事や入浴を一緒にすることはできないという父親もいるでしょうし、単身赴任中で、父親と顔を合わせるのは1か月に1～2度程度というご家庭もあるでしょう。「うちは父親が滅多にいないものですから…」と、何かにつけてこうした家庭環境を嘆く母親は多いのですが、実は、父親とのこの距離感は、子どもにとって必ずしも悪いとは限らないものです。

まず第一に、たまにしか子どもと向き合う時間が持てない父親は、子どもの成長を実感できます。たとえば絵です。前に絵を描いている姿を見てから1か月間あったりすると、その間に子どもは前よりずっと絵らしい絵が描けるようになっています。毎日身近で接している母親にとってはお世辞にも上手とは言えない絵でも、久しぶりに見た父親は「ずいぶん上手に描けるようになったなぁ」と心から感心して褒めてやることができます。勉強も同じです。1か月も経てば、前よりずっと難しい問題をスラスラと解けるようになっていますし、取り組む姿勢にも変化が見られます。毎日一緒になってがんばっている母親には当たり前のことでも、父親にとっては劇的な進歩です。「こんな難しい問題が解けるなんて、すごいな」と素直に思うでしょうし、自然に「よくがんばってるな」という言葉も出るでしょう。

また、他の子の姿を見る機会がほとんどないことも、功を奏します。以前のわが子の姿と比較して、「こんなことまでできるようになったんだ」と、純粋に驚いたり喜んだりできるからです。

その点、いつも一緒にいる母親は、子どもの成長を実感する機会はあまりありません。幼稚園・保育園へ行っても、塾へ行っても、常に他の子と比べてしまうため、前よりもできるようになったことを単純に喜ぶこともできません。「○○ちゃんはもっとできる」「××くんはもっと先をやっている」と上ばかり見ていれば、足元の自分の子が前よりもできるようになったことなど、眼中に入らなくなってしまいます。結局、「褒めて育てたい」とは思っていても、実際に口から出てくるのは「もっと早く」「もっとたくさん」「もっとがんばろう」と、もっともっとのオンパレード。何かの機会に「ハッ」と気がつき、「もっと褒めてやらなくちゃ」と反省するものの、いざ子どもと向き合えば、やっぱり怒ってしまうことも多いものです。

さて、純粋な気持ちから出てくる褒め言葉は、子どもの心に響きます。それが、普段あまり接する機会のない父親の言葉であればなおさらです。子どもにとって大きな喜びになりますし、励みにもなるものです。「もっとがんばって、またお父様に誉めてもらうんだ」という素直な気持ちが、学習に向かう意欲や自ら学ぼうとする積極的な姿勢へとつながります。

## 「頑固オヤジ」でいいじゃないか

最近、父親向けの育児雑誌が売れていると聞きます。10年前なら考えられなかった「父親になるための雑誌」。最近は、育児や家事に勤《いそ》しむ若い父親も珍しくはありませんし、母親ではなく父親が育児休暇をとる家庭も出てきました。

父親が積極的に育児をする。それはそれで、とても好ましいことだとは思うのですが、父親には父親にしかできないもっと別の役割もあるような気がします。

たとえば、成長した子どもが将来進むべき道を模索しているとき。子どもの性格や能力を考慮し、自身の社会経験も踏まえたアドバイスができるのは、母親よりも少し子どもと距離があり客観的になれる父親です。ただ、そのアドバイスを聞き入れるかどうかは、それまでの親子関係によって分れるところ。幼い頃から信頼関係を築いていれば、子どもは父親の言葉に耳を傾けることでしょう。

さらに、父親は最後の砦《とりで》です。子どもが道を外れそうになったとき、いさめ、正しい道に連れ戻すのはやっぱり父親です。幼い頃は一緒になって遊んでやり、成長したら、男の子ならスポーツ観戦、女の子ならショッピングに付き合ったりする、友達のような顔もいいのですが、子どもが間違ったことをしたり、悪いことをしたりしたときには烈火のごとく怒るもう一つの顔を見せ、『普段は陽気で優しいお父さんも、一度怒らせたら誰よりも怖い』と、恐れられる存在でいることも、とても重要なことだと思うのです。

私は、父親という存在は、一本芯の通った存在であるべきだと思っています。父親不在などという言葉がありますが、「こうあるべし」というしっかりとした理念を持ち、それに沿ってブレずに生きている父親は、たとえ家にいる時間は短くても、一緒に過ごす時間は少なくても、家庭の中心であり続けるし、父親が大地にしっかりと根を張り、大空に向かって堂々と立っていれば、子どもはその傍らで、まっすぐに伸びていくことができると思うのです。

一人の人間として、一生懸命に生きていくこと。信念を持って、良いものは良い、ダメなものはダメと貫くこと。それこそが、今求められる父親像なのではないかと私は思います。

# 第4章
# ココロを育む

## 一日の終わりには、その日の出来事を話す時間を作る



幼稚園・保育園に入ったのを機に、一日で一番心に残ったことをお話しする時間を作って欲しいと思います。お風呂に入ったときや寝る前など、子どもと無理なく向き合える時間に、「今日はどんなことがあった?」と問いかけて、何か一つお話をさせるのです。楽しかったことでも、嬉しかったことでも、悔しかったことでも、悲しかったことでも、こんなことがあったという報告でもかまいません。『今日の僕のニュース』とか、『ママ、あのね』いうようなタイトルを決めると、さらに楽しい時間になるでしょう。そしてお話を聞き終わった後には、忘れず笑顔で「おもしろいお話だったわよ。明日はどんなお話が聞けるか楽しみだわ」といった具合に、そのお話を楽しんだことを伝えてください。

もちろん、年少の最初からまとまったお話ができる子などいません。最初のうちは、「今日は幼稚園で何をしたの?」「お友達と何をして遊んだの?」「先生は何とおっしゃっていたの?」などと、助け船をたくさん出しながら、その日のことを聞き出すのがやっと

でしょう。かなりの根気が必要かもしれません。でも、毎日続けること、そして最後には必ず、笑顔で感想を言ってあげること、この二つを守ってください。そうすれば、そのうち子どもにも、「今日はママにこれを話そう」という意識が芽生えますし、母親が聞く前から、「今日は何を話そうかな」と考えるようにもなります。

最初はほんの一言二言でいいのです。

「今日は幼稚園で何をしたの？」

「お歌を歌った」

「どんなお歌を歌ったの？」

「うーん、忘れた」

「上手に歌えた？」

「うん、歌えた」

こんな頼りない会話しかできない子も、一年も続けていけば、

「今日はね、お歌の先生が来て、新しい歌を教えてくれたよ。『キリンさん』ってお歌でね、こんな歌（歌ってみせる）。大きな声で歌ったら、××先生が、とっても上手ですねって

褒めてくれたんだよ」

　というくらいの、ちょっとしたストーリーが話せるようになるはずですし、その頃には、母親にとっても楽しみな習慣になっているはずです。

# 年長さんになったら、日記をつける習慣を

個人差もありますが、最近の子は年長児にもなれば、少なくともひらがなくらいは読み書きができるようになりますし、自分の名前を漢字で書ける子だって珍しくはありません。そこで、年長を目安に、毎日の出来事を話すとともに、日記に書くという習慣も増やして欲しいと思います。字が無理なら、絵日記でもかまいません。

ここで一番大切なことは、朝起きてから日記を書くまでの間、常に「今日は日記に何を書こうかな」と、ネタ探しをしながら一日を過ごすことにあります。

ところで、ネタ探しをしながら毎日を過ごしている子と、そうでない子は、どこが違うのでしょう？

ネタ探しをしている子は、いろいろなことに率先して取り組むようになります。たとえば幼稚園の先生が、「ウサギにエサをやってくれる人？」とおっしゃったときも、『これをやって日記に書こう』と思うから率先して手を挙げ、新しいこと、まだやったことのないことにも、積極的にチャレンジするでしょう。また、道を歩いているときでも、

公園で遊んでいるときでも、いつも何かネタになることはないかと思っていますから注意深くなりますし、ちょっとした変化にも敏感に気づくようになります。

つまり、ネタを探すという意識があることによって、積極性が増し、活動的になると同時に、感じる心が芽生えたり、考えることも増えたりして、日々の生活が、より深く充実したものになり、さまざまな能力を伸ばすことにもつながっていくのです。

幼稚園・保育園のうちに、これだけのことをやった子とやらなかった子の差は歴然です。ちょっと大変かもしれませんが、ここで培われる能力は一朝一夕では養われない大きな力となっていくのですから、ぜひ続けて欲しいと思います。

## 絵本をたくさん読み聞かせよう

絵本の読み聞かせは、子どもの想像力をかきたて、感受性を豊かにしてくれるだけでなく、大切なコミュニケーションの時間にもなります。夜寝る前の子守唄代わりではなく、一緒に絵本を楽しむつもりで、余裕を持っていろいろな絵本の読み聞かせをしてあげてください。

さて、絵本を選ぶときに気をつけなければならないことの一つは、年齢相応の内容であることです。背伸びして難しいものを選んでも意味がありません。また、アニメーションやキャラクター物より、しっかりとした良質な絵の本を選ぶことも大切です。1～2歳の頃に絵中心の絵本からスタートし、話し言葉で構成されているもの、『大きなかぶ』に代表される繰り返しのもの、単純なストーリーのもの、話の展開があるものと、だんだん移行していくのが理想とされます。どのような絵本を読めばいいのかは、本書の236ページに私が経験から選択したオススメの100冊をあげましたので、参考にしてください。

また、読むときは、一人芝居のように声色を使って読む必要も、オーバーに感情移入する必要もありませんし、プロの読み聞かせを真似る必要もありません。普通に読むだけで充分です。

さて、年中・年長にもなれば、単なる顛末《てんまつ》だけでなく、最初は悪い人だったのに、心を入れ替えて良い人になるとか、良い人だった人が何かのきっかけで悪い人になり、さらに良い人に戻っていくというような人間の心の移り変わりまでも理解できるようになってきます。子どもたちは絵本の登場人物やエピソードを通して、「こういう子っていいな、私もこういう子になりたいな」と思ったり、「こういう場面では、こういう風にするといいんだな」ということを感じたりします。また、多くの言葉や表現に接することで、ボキャブラリーや知識も広がります。しかも、絵本には物語が細部にわたって詳しく描かれているわけではありませんから、ときには登場人物の心を自分なりに感じ取ったり、行間に隠れていることを想像力によって補ったりすることになります。こうしたことは、小さな頃から絵本に親しみ、数多くの物語に触れてきた子にとってはごく当たり前のことなのですが、それをしないできた子に、ある程度の年齢になってからこうした力を養おうと思ってもそう簡単にはいきません。

　このように、絵本の読み聞かせには数多くの効果が期待できます。しかしながら、それはあくまでも副産物。幼児期には、そうした利点を追い求めるよりも、数多くの良質な絵本と出会い、素敵な時間を過ごして欲しいと思います。

# 読み聞かせのもう一つの楽しみ

絵本には、読み聞かせの後で、親子であれこれ話し合うという、もう一つの楽しみがあります。

『ハーメルンの笛吹き男』という話をご存じでしょうか？

「ネズミの大群が、ハーメルンの街に押し寄せてきて、キーキー、チューチュー大暴れ。赤ちゃんにまで飛びかかってくる。それで町の人は困っていた。『市長に何とかしてもらおう！』『市長！　何とかするのが、あんたの責任ですぞ‼』町の人たちに責め寄られて市長は困っていた。そこへ、背の高い不思議な男がやってきて、『市長さん、金貨を1000枚くれるなら、ネズミを一匹残らず追い払ってあげよう』と言った。市長は、『本当にネズミを追い払ってくれるのなら、1000枚と言わず5000枚でも金貨を払おう』と言う。すると、不思議な男は笛を吹き、一匹残らずネズミを追い払ってくれた。

『ネズミがいなくなったぞー！』町はお祭りのような大騒ぎ。子どもも大人も大喜び。そこに、笛吹き男が現れた。『市長さん、お約束の金貨５０００枚をいただきに来ましたよ』市長は急に金貨を出すのが惜しくなり、『金貨は払うが10枚だけだ。笛吹きのお礼なら、それで充分だろう』すると、町の人々も、『そうだ、そうだ』と言い、みんなで笛吹き男を追い出そうとした。すると笛吹き男は、『そうですか、それでは、金貨の代わりにあなた方の大切なものをもらっていきますよ』と言い、笛を吹き始めた。すると、子どもが一人また一人と、その笛の音に吸い寄せられるように男の後を歩き始めた。そして、とうとう町中の子どもたちが男の後について行ってしまった。男は子どもたちを町はずれの洞穴に連れて行くと、全員をその中に閉じ込め、またどこかへ行ってしまったとさ」

この童話を通して、笛吹き男や市長、市民の心の移り変わりを感じたり、なぜこんなことをしたんだろう？ どうしてこんなことになっちゃったんだろう？ と考えたりすることはとても大切なことです。そこで、このお話を読んだ後には、「どうして○○したんだろう？」と子どもに問いかけ、ぜひ話し合ってみてください。

たとえば、「どうして市長さんは10枚しか金貨をあげなかったんだと思う？」と聞いてみましょう。「ネズミがいっぱいいて困っていたときは、何とかしてネズミを追い払って欲しいと思って５０００枚もあげると言ったけれど、ネズミがいなくなったら、金貨がもったいなくなったんだよ」と言う子もいれば、「市長さんね、本当はお金がなかったの」とか、「きっとケチなんだよ」なんて言う子もいるかもしれません。

「笛吹き男は良い人かな？　悪い人かな？」というのも良い質問です。もし、「子どもたちを洞穴に閉じ込めてしまったんだから、悪い人だよ」と言ったら、「でも、もし市長さんが約束通り金貨を５０００枚あげていたら、どうだったかな？　やっぱり子どもを洞穴へ閉じ込めたと思う？」と聞いてみましょう。

子どもは子どもの視点で考えますから、物語の内容とは直接関係ないことを言ったり、突拍子もないことを言い出したりするかもしれません。けれど、これは読解力のテストではありません。どんな答えもＯＫなのです。正しい答えを探すのではなく、自由な発想でいろいろな答えを考え出すことが大切です。ですから、たとえどんな答えであっても、「へー、おもしろいね」「うーん、そうかもしれないね」と、肯定的に受け止めてやってください。もし、子どもらしいユニークな答えを「全然わかっていないじゃない！」「そんなことあるわけないでしょ」と頭から否定すれば、子どもは次から思ったことを素直に言うことができなくなってしまうでしょう。

なお、読み聞かせの基本は、親子で絵本を楽しむこと。読後の質問も、「ねえ、このお話の中で、みんなを困らせた動物は何だったっけ？」とか、「金貨を5000枚あげると約束したのは誰だっけ？」というような〝テスト〟ではなく、「どうして○○だと思う？」「なぜ○○したのかなぁ？」といった、できるだけ答えに幅のあるものがベストです。

# 一つでも多くの英雄体験を！



私には1歳上の姉がいます。私は、小さな頃から、この姉とかけっこをして勝ったことがありませんでした。さらに、母は元陸上選手。走らせるとこれまた速い。何かいたずらをして全速力で逃げても、すぐに捕まってしまいます。また、幼稚園の園庭は狭く、友達と足の速さを競うような場面はほとんどありませんでした。運動会もその園庭での開催でしたから、かけっこにしてもリレーにしても、トラックが小さく、スピードがある子の方がコーナーで大回りをしたり、勢いあまって転んだりといったありさま。そんなわけで、幼い頃の私は、「自分は足が速い」と思ったことなど一度もありませんでした。

ところで、私が小学生の頃に通っていた体操教室では、国立競技場の周囲を走る練習があったのですが、あるとき、どういうわけか1等になりました。姉も、上級生も参加していたのに、私が1等賞になったのです。これには、誰よりも私自身が驚きました。そして、「言葉では言い表せないほどの喜びを感じました。「やればできる、僕にもできる」と初めて意識した瞬間だったかもしれません。今思うと、あのときの経験は、その後の私の人生に少なからず影響を与えているように思います。その証拠に、この歳になってても、あのときの喜びはまるで昨日のことのように鮮明に覚えていますし、今でもチャンスがあれば市民マラソンにエントリーするのは、心のどこかに「僕は速い」という自負があるからかもしれません。

先日、以前の教え子から、年賀状が届きました。「先生、お元気ですか? 先生に教えてもらったお手玉。学校で、お手玉のできる人はクラスに2人しかいないのです」と書いてありました。

私が教えている体操教室では、2個のお手玉は必修。できない人は宿題にし、できるまでがんばりました。その子は、他のことは楽にこなすのに、どういうわけかお手玉が苦手で、クラスのほとんどの子ができるようになっても、なかなかできるようになりませんでした。

ところが、小学校へ行ってみたらお手玉ができるのはたった2人。みんなから「すごいね」と褒められ、よほど嬉しかったのでしょう。彼女は、このとき初めて、ちょっとした英雄体験をしたのかもしれません。

一生懸命に練習してできるようになる。とても重要なことですが、それだけでは意欲や自信につながらないこともあります。反対に、どんなに些細なことでも、みんなから「すごいね！」と言われることで、自分はできるのだと自信を持てたり、嬉しくなってもっとがんばろうと思えたりすることも多いもの。だからこそ、小さな頃に、一つでも、二つでも、そういう経験をさせて欲しいのです。このちょっとした「英雄体験」が、その後の人生の中で、やればできるとか、みんながてきないことでも自分にはできると思える礎《いしずえ》になっていくのですから。

# ペットを飼おう

小学校高学年の頃、私の家族は庭付きのマンションの1階に住んでいて、犬を飼っていました。名前はチェリー。「チェリーが逃げ出すから、ドアをちゃんと閉めなさい」。その頃、母はまるで口癖のように私に言ったものです。「わかってるよ！」少しいらつきながら口答えをしていた私でしたが、実はちっともわかってはいませんでした。

ある日のこと、学校から帰っておやつを食べていると、チャイムが鳴りました。玄関に出てみると、知らない人が立っています。「すみません、すぐ前の道で犬が死んでいるのですが、お宅の犬ではありませんか？」。驚いて出てみると、チェリーでした。学校から帰ったときちゃんとドアを閉めなかったせいで、チェリーは外へ飛び出して、車にはねられて死んでしまったのです。このとき、私は生まれて初めて「死」と向き合うことになりました。そして、「取り返しがつかないということは、こういうことなのだ」と学びました。とても辛い経験でした。

こうした経験から、私は、生き物を飼うことは、子どもにとってとても大切だと考えています。犬でも、猫でも、カブトムシでも、ザリガニでも、夜店ですくった金魚でもいい、何か生き物を飼って欲しいと思います。こういうお話をすると、「生き物は死ぬから嫌」と言う人がいますが、実はこの〝死ぬ〟ということも、とても大きな意味を持っているのです。

例えば、生まれたての子犬を飼ったとしましょう。2年目には成人式を迎え、3年で成熟、7年も経てば老いが始まる。平均寿命はおよそ12歳。犬の一生は人間よりもずっと短く、子どもが大人になるまでの間に、その一生を終えてしまいます。つまり、動物を飼うということは、生き物の一生をつぶさに見るということに他なりません。子どもはそれによって、一生とは決められた時間であって、いつまでも無限に続くものではないのだということが漠然と理解できたり、死と向き合うことで、与えられた命を大切にしようと思えたりするのです。

また、自分が餌をやり、散歩に連れて行き、ときにはお風呂に入れてやってかわいがることにより、犬が喜んだり、元気になったりする。反対に、サボれば元気がなくなったり、病気になったりすることもある。そうした経験から、自分よりも弱い者の世話をしたり、面倒を見たりすることの意義を学び、労《いた》わったり、愛《いと》しんだりする心が育まれます。さらに、大切に思い、一生懸命に世話をしても、死は必ずやってくる。この、大切なものの死と向き合うことにも、大きな大きな意味があるのです。

ところで、ペットを飼う際に絶対に守らなければならないことがあります。それは、金魚であれ、昆虫であれ、どんなに小さなペットであっても、死んでしまったときには、安易に捨てないということ。間違っても、生ゴミと一緒に捨ててはいけません。もし母親がそんなことをしたら、その子は命を軽視するようになるでしょう。庭でもいい、ベランダのプランターでもいい、どこかにちょっとしたスペースを見つけて土に返し、簡単でいいからお墓を造り、お祈りをするという「儀式」を、子どもと一緒にすべきです。そうすれば、その子は命の尊さを学ぶでしょう。

# ルールを守る

ルールを守るということは、言うまでもなく、非常に大切なことです。ところが最近、自分勝手な理由でルールが軽視される傾向があるように思えてなりません。

たとえば、公共施設や商業施設の障害者専用駐車場に、近くて便利だからと車を停めている人、電車の中で携帯電話を使う人、禁煙スペースでタバコを吸う人、約束の時間を守らない人…また、高速道路の速度制限のように、車の流れに従っていると知らず知らずのうちに破ってしまっているルールもあれば、タバコやお酒は20歳からと法律で決められているにもかかわらず、大学生になった途端、18歳で解禁という雰囲気になってしまっている有名無実のようなルールもあります。個人的な意見を言わせていただくなら、後者の二つのような現実に即さないルールは現実に即した内容に変え、その分、罰則を厳しくした方が守る人が増えるのではないかと思うのですが…。

ともあれ、ルールを守るという当たり前のことを、当たり前にできる一人前の社会人に育てるためには、やはり、幼少時に、守ることの大切さを教え込み、ルールを破ることはいけないことであり、恥ずかしいことなのだと認識させなければなりません。

そこで、まずは周囲の大人、とりわけ父親や母親が、どんな些細なルールであってもしっかりと守ること。どんなに言葉でルールを守りなさいと教えても、そう言っている親自身が平気で破る姿を見せていたのでは、ルールを守る子どもにはなりません。

また、子ども自身にもルールを守らせるようにすること。家族で決めたルール、幼稚園や保育園のルール、子どもの周りにもルールはたくさんあります。外から帰ったら手を洗う、うがいをする、夜寝る前には歯を磨く、夜9時にはベッドへ行く、登園時間を守る、幼稚園・保育園で禁止されている玩具は持っていかない…そういった小さなルールでも、「これはルールだから、守らなければいけないのよ」と言いながら、必ず守らせる。そうやって育ててこそ、ルールを守るという当たり前のことが、当たり前にできる大人に育つのです。

## 「謝る」ということ

以前、ボクシングの世界タイトル戦で反則行為を繰り返し、見るに堪えない試合をした選手がいました。後日、記者会見を開いて謝罪したものの、総じて悪評で、その後もバッシングが続いたのは、会見に訪れた記者にも、それを見ていたファンにも、反省の気持ちが伝わってこなかったからではないでしょうか。

謝るということは、難しいことです。親は子どもが何か悪いことをしたとき、「ごめんなさいは？」「ごめんなさいと言いなさい」と言いますが、「ごめんなさい」と言えば謝ったことになるかといえば、そうではありません。謝るとは、自らの非を認め、相手に心から申し訳ないと伝えること。誰に何をしたことが悪かったのか、それをきちんと理解し、反省したうえでの言葉でなければ、「ごめんなさい」には意味がありません。

たとえば、テーブルの上にバラの花を生けた一輪ざしが飾ってあるとします。その部屋で子どもがボール遊びをしようとすれば、母親は「ちょっと待って！　お部屋の中でボール遊びは危ないでしょ。お外でやりなさい」と注意するでしょう。ところが、子どもはきかないで、「大丈夫、大丈夫。気をつけるから」と、ボール遊びを始めてしまう。「ダメよ、危ないでしょ。やめなさい。そんなところで投げていると…」なんて言っているうちに、ボールがテーブルを直撃！　一輪ざしはひっくり返り、バラの花は折れてしまいました。

こんなとき、多くの母親は烈火のごとく怒り出します。「部屋の中でボールを投げたらダメって言っているでしょう！　そんなことは外ですることでしょ。ママの言うことをきかないから、こういうことになるんでしょう！　どうしたの、謝らないの。悪いと思っていないでしょ！」もう、次から次へと怒りの言葉のオンパレード。縮み上がっている子どもには目もくれないで、その場を片づけながら、ものすごい勢いで自分の気が済むまで怒りの言葉を浴びせ続けます。

しかしながら、これでは子どもは、本当は何が悪かったのかわからないし、誰に謝るべきなのかもわかりません。「ごめんなさい」とは言うでしょうが、それは母親が怒っているからであって、母親に悪いことをしたと反省しているからではありません。こんなことをして「ごめんなさい」と言わせても、実は大した意味はないし、かえって、「ごめんなさい」と言いさえすれば許されると学んでしまうことにもなりかねない。これでは、

「謝る」ことは教えられないし、「謝る」こともできるようにはなりません。

では、どうすればいいのでしょうか。

たとえば、「一輪ざし、ひっくり返って、バラの花も折れちゃったね。きれいだったのに、かわいそうね」と言いながら、その場を片づける。折れた花を優しく手に取り、子どもにセロハンテープを持ってこさせて、折れた茎を修復する。一輪ざしに水を入れ、その花をまた生ける。そうやって、必死にバラの花を生かそうとする母親の姿を見れば、子どもはわかるはずです。自分が何をしたのか。きれいに咲いていた花に何をして、母親をどんな気持ちにさせてしまったのか。テーブルの上の花を見て感じるはずです。そして初めて、「大変なことをしてしまった」と申し訳なく思い、自らの行いを反省し、母親に、そしてバラの花に対して、「ごめんなさい」という言葉が出てくるのです。

今、世の中には謝れない大人が増えています。不祥事があからさまになり、企業のトップが連座して「申し訳ありませんでした」と頭を下げる姿を目にするたび、この人たちは、誰に、何を謝っているのだろうかと疑問に思います。そして、子どもたちに「謝る」ことを教える大切さを痛感します。

# 胆力を養う

体力、精力（肉体的精力・精神的精力）、断行力、判断力、能力、胆力を、人間の6大力といいます。この中で、あまり耳慣れないのが『胆力（タンリョク）』。初めて目にした方も多いのではありませんか？

胆力とは、物事に驚かない気力のことであり、度胸のこと。ちょっとやそっとでは怖《おじ》気《け》づかない、肝の据わった人を、胆力のある人といいます。

最近、ちょっとしたことですぐに泣く子がいて、気になります。もしかすると、胆力の欠如に起因しているのかもしれません。小さな頃から胆力が養われてきていないから、幼稚園・保育園に行くようになっても、「オオカミさん、今何時？」のようなちょっとしたゲームで怖気づいたりパニックになったりして、すぐにメソメソしてしまうのではないでしょうか。もっともこれは子どもに限ったことではなく、胆力の低下は日本中に蔓《まん》延《えん》しているようにも思います。初期の頃の振り込め詐欺などはその典型で、不安になり脅えるから、冷静に考えればおかしいことにも引っかかってしまうのではないでしょうか。

胆力は、放っておけば自然に養われるわけではありません。生まれつきの個人差はあるにしても、意識して養うことで、それ相応の胆力を養成することができます。

一番大切なことは、子どもが勇気を出して何かに挑戦する場面を多く作ること。たとえば公園で遊んでいるとき、ちょっと高い場所から飛び降りたり、大きな滑り台や初めての遊具に挑戦したりといった、子どもの小さな挑戦を、「危ないから」とやめさせるのではなく、応援してやることです。ジャングルジムのてっぺんまで登って、得意気に「ママー！」と手を振っているわが子を見たら、「すご〜い。よく登れたわね」と褒めてあげましょう。間違っても、「危ないでしょ。落ちたらどうするの！すぐに下りてきなさい」などと怒鳴ってはいけません。また、一人でおばあちゃまの家に泊まったり、ちょっとしたおつかいをしたり、いつもとは違うお友達とのイベントやお教室などに参加したりするのも、胆力を養うチャンスになります。

私は、東京生まれの東京育ちですが、子どもの頃は近所の子たちと外でよく遊びました。ときには木登りをしたり、背丈ほどもある塀によじ登ってその縁を歩いたり、そこから勢いよく飛び降りたり…。今振り返ると、できるかな、できないかなとドキドキしたり、怖いなぁという恐怖心と闘ったりしながら、少しずつ少しずつ強くなっていったように思います。

最近は、幼稚園・保育園でも公園でも、少しでも危険性のある遊びや遊具は回避される傾向が強いようですし、親にしても、子どもの数が少ないだけに、目も手も充分すぎるほど行き届きます。今の子は、恵まれすぎているがために、胆力が養われる場面が少なくなっているのかもしれません。だからこそ、両親が意識して養うようにして欲しいのです。もちろん、絶対に無理なことや危険なことを無理強いして怪我をさせるようなことがあってはいけませんが、その子が今の体力や能力でどの程度のことができるかを見極め、ギリギリのことにまで挑戦させてやることは、親だけに与えられた特権なのです。

# なぜ跳び箱を跳ばなければならないのか？

昔から小学校の体育の授業で行われてきたものの一つに、跳び箱があります。最近では、日々の活動に取り入れている幼稚園もあるようです。

本書のメイン・タイトルでもありますが、どうして子どもは跳び箱を跳ばなくてはいけないのでしょうか？

社会に出てから跳び箱を跳べるということが何かの役に立つかといえば、そんな場面は思い当たりません。あるとすれば、ＴＶのスポーツバラエティ番組で巨大な跳び箱に挑戦している人くらいでしょうか。また、ジャンプ力をつけるためというのであれば、走り幅跳びでも垂直跳びでも、立ち幅跳びでもよいはずです。にもかかわらず、体育の授業には必ず跳び箱が出てきます。

なぜでしょう？跳び箱を跳ぶにはちょっとした勇気が必要です。みなさんも覚えがあると思いますが、跳び箱というのは、前方に立ちはだかる高い箱に向かって勢いよく走って行って、「えい、やー」で跳び越える競技。スタート前には「跳べるかなぁ、大丈夫かなぁ」とドキドキするし、怖気づくことだってあります。しかも失敗すれば、多少は痛い思いもしなければなりません。運動能力が高くても、度胸のない子は失敗する。それが跳び箱なのです。

教育には、必ず目的があります。

では、跳び箱の目的は何かといえば、そこには間違いなく、度胸、すなわち胆力の養成があるのです。

## 跳び箱を跳ぶことの本質とは？

今、小学校でのいじめやいじめを原因とした不登校が、大きな問題になっています。非常に深刻なケースも増えています。社会全体の問題として真剣に向き合い、少しずつでも減らしてゆく努力が必要なのは言うまでもありません。

とはいえ、いじめや不登校は今に始まったことではありません。私が子どもの頃だって、いじめもありましたし、不登校になる子もいました。ただ、こんなにも多くはなかったし、ここまで深刻な事態でもありませんでした。こうなってしまった背景にはいろいろな原因が複合的に作用しているのでしょうが、子どもたちがよくいえば繊細、悪くいえば軟弱になったことも、少なからず影響しているように私には思えます。もちろんいじめる側を擁護するつもりはありません。いじめは、いじめる側が絶対に悪いのです。けれども、大人の社会にもいじめが存在することでもわかるとおり、人間が集団になるといじめは必ず起こる——それが現実なのです。だからこそ、今子どもに必要なのは、生き抜くための胆力だと思うのです。

たとえば、ある日消しゴムを忘れてしまったとしましょう。それで、隣の子に「消しゴム貸して」と言ったのに、貸してくれなかった。これは、いじめといえるでしょうか？

もちろん、消しゴムを意図的に取り上げたり、隠したりすれば、それはいじめといえるかもしれませんが、貸してと言われたのに貸さなかった程度では、いじめとはいい切れないと思うのです。つまり、いじめと意地悪は違うのです。もしかしたら、自分の消しゴムが減るのが嫌だとか、お気に入りの消しゴムだから誰にも貸したくないとか、何度も貸してと言われているからいい加減にしてくれと思ったとか…、貸してくれなかった子にだって、その子なりの譲れない事情があったのかもしれません。「消しゴムくらい貸してあげればいいのに。意地悪な子ね」と思う人もいるでしょうし、その意地悪がいじめにつながっていくのかもしれません。しかし、貸してと言ったのに貸してくれないという程度のことでイジケてしまえば、いじめる側はそれをおもしろがってよりいじめるという面もあると思うのです。

もしこんな場面でも、「いいよ。君が貸してくれないなら、○○くんに借りるから」とか、

「それでも僕は、君が忘れたときには貸してあげるよ」と、まったく動じない態度でポーンと言い返すことができれば、「わかったよ。貸すよ、貸してあげるよ」と、たいていの子は言うでしょう。また、それで貸してくれなかったとしても、それこそ別の子に借りればいいだけのこと。思い悩むほどのことではないのです。

小学校にはいろいろな子がいます。ときには、気に入らないことを言われたり、やられたりすることだってあるでしょう。理由もないのに叩かれたり、何もしていないのに意地悪なことを言われたりということだってあるかもしれません。そんなとき、いちいち落ち込んだり、一度そういうことがあったからといってまた何かされるのではないかとビクビクしていたのでは、そのうち学校に通えなくなってしまうでしょう。

以前、ある母親に「お子様は楽しく学校に通っていますか?」と尋ねたところ、「うちの子も強いけど、周りの子も強くて…」と、あるエピソードを話してくれました。

ある日のこと、その子は、学校の友達から面と向かって「ブス」と言われたそうです。ところがその子は、少しも気落ちすることなく、あっけらかんとした様子で何人かのクラスメートに「私ってブス?」と聞いて回ったそうです。聞かれた子が、「そんなことはないと思うよ」と口をそろえると、「だよね、ブスではないよね」と、言った本人を睨《にら》みつけて一件落着。今の小学校は、公立も私立もこのくらいの話はいくらでもあると覚悟しなければ通えません。

幼稚園・保育園のうちから、頑強な胆力を養い、ちょっとやそっとのことには動じない度胸のある子、嫌なことは嫌、ダメなことはダメと言える勇気のある子に育てることが、今の時代、とても大切になっているのだと感じます。

本書のタイトルにもある『子どもはなぜ「跳び箱」を跳ばなければならないのか?』の本質はここにあるのです。

# 名前に込めた親の思いを伝えよう

名前には、こういう人間になって欲しいとか、こういう生き方をして欲しいといった親の思いや願い、考えが込められているものです。将来、海外に出たときにも間違えないで発音してもらえるからとか、響きがかわいらしく誰からも親しまれるからといった具合に、漢字や言葉の意味ではないところから名づけられる場合があっても、そこにはやはり、海外で活躍するような人になって欲しいとか、誰からも愛される人になって欲しいという願いが含まれているものです。

私は、その子の名前に込められた親の思いを伝えることは、その子が成長していくうえで、とても大切なことだと思っています。そして、幼稚園・保育園に入ったのを機に、ぜひ子どもの名前の由来や、込められた願いについての話をしてやって欲しいと思います。

もし、難しい意味合いが込められているのであれば、幼児にもわかるように、易しい言葉で話してあげてください。また、名前をつけるにあたっては、いろいろないきさつもあるでしょう。たとえば、漢字の意味、音の響き、字画…。代々同じ字を一字入れるとか、一文字の名前にするといった家もあるでしょうし、両親ではなく、祖父母や恩師などに名づけをお願いしたケースもあるでしょう。そういった込み入った事情をすべて話す必要はありません。年少児には年少児向けに、年長児には年長児向けに、それぞれの年齢で理解できる範疇《はんちゅう》で、名前に込めた願いの部分だけをかいつまんで話してやればいいのです。そうすることで、子どもは、「自分はそういう子になっていくぞ」という気持ちになっていくものなのですから。

そして、卒園する頃には、「僕の名前は、周りの人に喜びを与えられるような人になるようにと、お父さんとお母さんがつけてくれました」とか、「私が生まれた日に病院の窓からとてもきれいな桜の花が見えていたので、『さくら』という名前をつけたそうです」とか、「お父さんとお母さんが、世界中の人とお友達になれるようにと、外国人にも発音しやすく覚えてもらいやすい名前にしたそうです」といったことが言える子に成長していて欲しいと思います。

# 第5章
# チカラを養う

## マニュアル社会の弊害

マニュアルとは、状況に応じてどのように対応すべきかを示した手引書のこと。企業や一定の組織においては、充分な新人教育を施さなくても、これさえあれば初心者にも一定レベルの仕事がこなせるようになるため、非常に合理的な手法として広く採用されています。実際、低いレベルを一定基準に標準化する際には、マニュアルの効果は絶大です。たとえば、全国どこの店舗でも、同じように気持ちの良い対応が受けられるファーストフード店では、かなり優秀な接客マニュアルが存在し、徹底されているため、社会経験のない学生アルバイトも、短期間で滞《とどこお》りなく接客できるようになるのだといいます。

また、多くの企業では、不祥事や苦情の際に、多種多様なマニュアルが事細かに用意されているとも耳にします。社員個人の判断に任せるよりも、会社としてきちんとしたマニュアルを用意しておいた方が安心だということもあるでしょうし、組織として一律の対応をしていくためには、明文化して示した方が間違いがないということもあるでしょう。社員にしても、自分で考えて行動してうまい対応ができなければ責任問題になりますが、マニュアル通りに対応してさえいれば、結果がどうなっても自分の責任ではないと言い逃れできるかもしれません。

さらに、最近では、私たちの日常生活にまで、一種のマニュアルが横行するようになりました。私が身を置く小学校受験の世界などはその最たるもので、書店に並ぶマニュアル本には、受験当日の服装や待合室での態度、面接での受け答えに至るまで、事細かに解説されています。

しかし、マニュアルはあくまでも指針であって、すべてではありません。たとえば小学校受験の面接にしても、マニュアル通りに準備して安心していたら、思わぬ落とし穴が待っているということも多々あります。事実、最近は学校側もそのあたりの事情を考慮しておられるようで、質問の内容も多岐にわたっています。「これだけは子どもに絶対にして欲しくないことは何ですか?」「集中力はお子さんの成長に欠かせませんが、集中力をつけるためにどのようなことをされていますか?」「お子さんがお父様のどんなところを尊敬していると思いますか?（発展して）お子さんがそれを言葉にして表現したことはありますか? それはどのような言葉でしたか?」「お子さんがいじめに加担していたと知ったとき、どのような対応をされますか?」などなど、従来では考えられなかったような予測不能な質問も多く出題されています。

実は先日、ファーストフード店へ行って「ハンバーガー10個」と注文したところ、「こちらでお召し上がりですか?」と聞かれたのには驚きました。マニュアルは便利な存在ですが、依存しすぎれば弊害も出ます。ちょっと考えれば気づきそうなことなのに、気づかなかったり、ちょっとでも想定外だと、すぐにパニックになったりするのは、マニュアルに依存している証拠。このまま進むと、思考回路が麻痺してしまうのではないかと不安になります。

子どもは一人ひとり違います。その意味では、子育てのマニュアルなど、存在し得ないと私は思っています。マニュアルが横行する世の中ですが、せめてお子さんと対峙《たいじ》するときは、「自分で考え行動する」という視点を忘れないで欲しいし、また、次世代を担う子どもたちには、マニュアルに頼ることなく自分で考えて行動できる人間になって欲しい。そう願わずにはいられません。

# コミュニケーション能力の欠如

以前、熱海から急いで東京に戻らなくてはならなくなったことがありました。「1分でも早く」という切羽詰まった状況でしたので、駅に駆け込み、息を切らしながら緑の窓口で「一番早い〝ひかり〟は何時ですか？」と尋ねてその切符を購入し、ホームで待ちました。すると数分後、東京行きの〝こだま〟が到着しました。聞けば、私が指定席を購入した〝ひかり〟よりも、早く東京に着くというではありませんか。

確かに私は「一番早い〝ひかり〟」と言いましたが、それは、〝こだま〟より〝ひかり〟の方が早いと思い込んでいただけのことであって、どうしても〝ひかり〟に乗りたかったわけではありません。駅員にしてみれば、〝ひかり〟の時間を聞かれたから、〝ひかり〟の時間を教えたのだということになるのでしょうが、私はあからさまに焦っていたのだし、その様子から急いでいることを察するのは難しくなかったはずです。ならば、そうした様子を察知し、「一番早い〝ひかり〟は○時○分ですが、その前に○時○分の〝こだま〟がありますよ」とか、「お客さん、お急ぎですか？　だったら、〝ひかり〟より、○時○分の〝こだま〟の方が早いですよ」と客に教えるのが、本来のサービス業の姿ではないでしょうか。

私は、こうした場面に遭遇するたび、コミュニケーション能力の欠如を実感するのですが、改めて考えてみますと、その根底にあるのは、想像力の欠如であり、思考力の欠如であるように思われます。テクノロジーの発展が目覚ましい現代、考えるという最大の武器を捨ててしまったら、近い将来、人間は機械に職場を奪われ、生きる場を失うことにもなりかねません。そうならないためにも、小さな頃から「考えて行動する」ことを習慣づける。これが今求められている教育なのではないかと私は思います。

# 自分で考えて行動するとは?

現在は大学生になった長男が、まだ小学校の低学年だった頃のことです。一人で2駅先の歯科医院に行くことがありました。

妻は息子に、電車の切符を買うためのプリペイドカードと、治療費を払うための現金を持たせて送り出したのですが、その日は治療費が思いの外高く、妻が持たせた現金では足りなかったそうです。受付のお姉さんは、「次回の診療のときでいいわよ」と優しく言ってくれたらしいのですが、息子はそれでは納得がいかなかったらしいのです。あれこれ考えた挙句、最寄りの駅で、プリペイドカードを使って足りなかった金額分の切符を買い、窓口へ行って「間違えました」と言って現金を返金してもらうと、そのお金を持って歯科医院へ戻って、足りなかった治療費を支払ったといいます。

男の子らしい、少々強引な方法論ではありますが、こういう臨機応変な対処の仕方を学校では教えてくれませんし、親も教えません。ただ、何とかしようと思ったときに、彼の中にある知識や経験が組み合わさって、まるでパズルのように、一つの答えを導き出したのです。

その場を乗り切るために、どうしたらいいのか、自分には何ができるかを考え、行動に移す。こういうことが、生きて行くうえで大事なのではないかと思います。

# 考える力を養う会話

『聞き取り話し方』という授業で、「もし幼稚園にお弁当を持っていくのを忘れたらどうしますか?」と聞いたことがありました。

6人の生徒のうち1人は答えられませんでしたが、残りの5人は、「幼稚園の先生に言う」と答えました。そこで、「先生に言うとどうなるの?」と聞くと、1人が、「先生がお家に電話してくれて、お母さんがお弁当を持ってきてくれる」と答え、残りの4人もうなずいていました。そこで、「なるほどね。でもね、もしお家に電話したとき、お母さんがいなかったらどうなるのかな?」と聞いたところ、うなずいていた4人は首をかしげ、お手上げ状態になってしまいましたが、先ほどの1人は、「先生がコンビニに行って、お弁当を買ってきてくれる」と答えたので、「幼稚園の近くにコンビニがなかったらどうする?」と聞くと、「そのときは、先生やお友達のお弁当を分けてもらう」と言いました。

こういう会話ができる子が、6人のうち1人くらいの割合でいます。もしかしたら、その子は実際にお弁当を忘れたことがあるのかもしれないし、クラスにそういう子がいたのかもしれません。しかし、自分が経験したり見たりしたことがあっても、こういう会話ができない子もいれば、想像だけで会話を展開できる子もいるのです。

もちろん、個人差はありますが、できることなら経験の有無にかかわらず、次々と答えが浮かんでくるような子にしたいところです。そして、そのためには、日頃から、いろいろなことを想像しながら会話を楽しむのが一番です。

たとえば、「8時の電車に乗っておばあちゃまの家へ行こうと思ったのに、駅に着いたら8時05分になっていて、電車はもう出発した後でした。さて、どうする？」なんて子どもに聞いてみましょう。「次の電車を待つ」と言ったら、「でもね、次の電車まで30分も待つんだよ。それでも待ってる？」と聞いてみます。すると、「待っている」と言う子もいれば、「バスで行く」とか「家に戻って自転車で行く」とか「タクシーに乗る」と言う子もいるかもしれません。

他愛のない問答のようですが、実は、こういうことを考えられることが、将来社会へ出たときの重要な要素ではないかと思うのです。とりわけ、先ほどの電車の話などは、実際に似たような場面に遭遇することも考えられます。

たとえば、朝出社しようと駅に行ったら、「人身事故のため、電車が止まっています。復旧は何時になるかわかりません」と表示があったとします。そのときに、会社に電話をして、「人身事故で電車が止まっていて復旧のめどが立っていないということなので、何時に出社できるかわかりません」と告げ、復旧するまでただ待っている人間になるのか、他の方法を探し、さらに、他の方法で行った方が早いのか、それとも復旧を待って電車で行った方が早いのかを考え、最善の方法を見つけ出せる人間になるのか、その分かれ道はまだずっと先かもしれませんが、少なくとも小さな頃からこういう会話を楽しみ、訓練を積んだ子は、前者のような人間にはならないだろうと私は思います。

# 〝なぞなぞ〟を楽しもう

とても興味深いことですが、幼稚園から小学校低学年のどこかの時期に、必ずと言っていいほど〝なぞなぞ〟にはまる時期があります。クラスで流行《はや》ることもあります。また、図書館に行けば子ども向けのなぞなぞの本がたくさんあります。それだけ、魅力があるということなのでしょう。

ある日突然、子どもが「ママ、問題です」と言い出したなら、「なに？　なに？」と受けてあげてください。そして、「う〜ん、何かなぁ？」「何だろうなぁ？」と言いながら、一生懸命に考えている姿を子どもに見せてあげてください。さらに子どもが嬉しそうに、「あ、ママわからないの？　答えを教えてあげようか」なんて言っても、「ダメダメ、答えは簡単に言っちゃダメ。ママはまだ考えて、ちゃんと自分で答えを探すんだから…」とか、「なぞなぞっていうのはね、あれかな、これかなって、とにかく考えて考えて考えて自分で答えを見つけ出すのが楽しいの。だから、問題を出した人は、簡単に答えを教えちゃいけないのよ」と言って、絶対に答えを聞かないこと。そうしておいて、一時間後でも、半日後でも、翌日でもいい、答えを見つけた時点で、「ねぇねぇ、そういえばさぁ、あの〝なぞなぞ〟の答え、あれからずーっと考えていたんだけれど、もしかして○○なんじゃない?」と告げるのです。

子どもが、「あ、当たり。すごいねママ、どうしてわかったの?」と言えば、「う〜ん、どうしてかなぁ? ずっと考えていたら、何となく閃《ひらめ》いたの」とちょっと自慢し、間違っていたときには、「違ったかぁ。残念! また考えてみるから待っててね」と、また考える。ある程度の時間をかけて考えたうえで、「あー、悔しいけど全然わからない。答えを教えて」と言うのも悪くありません。子どもは、少しニヤリとしながら、「答えは○○」と言うでしょう。そうしたら、「そうだったの。なるほどね。うーん悔しい。やっぱり聞かなきゃよかった」と言ってみせるのです。

どんなに時間がかかっても、絶対に自分で考えて答えを見つけ出すのだという姿勢や、〝やっぱり自分で考えればよかった〟という気持ちを、たとえ芝居でもいいから子どもの前で見せてやることは、とても大切です。そうすることによって、子どもは、〝なぞなぞ〟というのはそういうものだと思い、その子自身も諦めないで考えるようになっていくからです。

もちろん、親が問題を出したときも、すぐに答えを教えてはいけません。ただ、子どもはすぐに忘れてしまうので、なかなか答えが出てこないときは、「さっきのなぞなぞの答え、そろそろわかった？」などと聞き、ときどきチェックを入れるといいでしょう。「あ、忘れてた」と言えば考えていなかったことになるし、「ずっと考えてるんだけれど、ちっともわからないよ」と言えば、難しすぎるということになります。そんなときは、もう一度考えさせるために、ちょっとしたヒントを与えるのです。

おもしろいもので、考えても答えがわからなかったなぞなぞも、考え続けていると、何かの拍子に「あっ！」と答えを思いつくことがあります。その瞬間、ものすごい快感が体を貫きます。そして、それをきっかけに、「ああ、やっぱり答えを聞かなくてよかった。自分で考えてよかった」と思ったり、次の機会も自分で考えようと思うようになったりするのです。

大切なのは、考えることであって、答えを見つけることではありません。極端にいえば、答えがわからないまま終わってもいいと私は思うのです。それよりも、〝なぞなぞ〟

という遊びを通して、小さな頃から考えるという習慣をつけていくことが重要なのです。

〝なぞなぞ〟は、脳を鍛え、考える習慣をつける打ってつけの遊びです。場所も選ばず、道具も不要、車や電車での移動中やバス停でバスを待つちょっとした時間でもできるので、いろいろな場面で楽しんでください。

# 違う道を通ろう

毎日の幼稚園・保育園の往復でも、買い物でも、子どもとどこかへ出かけるときには、行きと帰りで別の道を通るようにしたいものです。少し回り道になり、時間も余分にかかるかもしれませんが、その方が刺激が多いからです。もしかしたら、いつも歩きなれた最寄りの駅までの道のりも、一本隣の道に変えるだけで、新しい発見があるかもしれません。

ただ、新しい発見といっても、劇的な展開があるわけではありません。たとえば、以前は家が建っていた場所が平地になっていたり、新しい家を今まさに建築している現場があったりする程度。ともすれば、見逃してしまうかもしれないちょっとした変化です。けれど、そういうちょっとしたことを見つけ、嬉々として「あれ？ ここ前から何もなかった？ 何か建っていたよね。何があったっけ？」と話したり、「お家って、こうやってできるんだね」と話したりすることが、子どもにとっては刺激になるのです。そして、そうした風景から、子どもは、「家というのはこうやってできていくんだ」ということを、実物を目にしながら学ぶこともできます。

発見は、家だけではありません。犬を飼っている家もあれば、猫がいる家もある。ちょっとカッコいい車が置いてある家もあるでしょう。神社があったり、教会があったり、公園があったり…花が咲いているかもしれませんし、ミカンやザクロ、イチジクのような木があって、実がなっているかもしれません。ジャガイモや大根を作っているちょっとした畑を見つけるかもしれませんし、もしかしたら、知らないだけで、案外近くに史跡だってあるかもしれないのです。

そういうことを発見しながら歩くこと、そして、それについて話すこと。親子で過ごす何気ない時間が、後々まで礎となっていく親子関係を作るとても大切な時間であることは言うまでもありませんが、同時に、いろいろな知識を与えたり、豊かな感性を養ったりしてくれる意義深い時間になっていくのです。

# 道を歩きながらできること

若い頃、銀行に勤めていた父は、外回りを担当していたときの上司から、「行きと帰りに同じ道を通っていたのでは、一流の営業マンにはなれない」と教えられたそうです。「ビジネスチャンスはどこに転がっているかわからない。たとえば、お葬式やお通夜の家の前を通りかかったり、お得意さんの自宅を見つけたり、そういうちょっとしたことも、やりようによってはビジネスにつながっていくのだ。優秀な営業マンは、道を歩いている時間でさえ、無駄にしないということだ」。父は終生、同じ道を通ろうとはしませんでした。

これは、営業に限った話ではありません。子育てにおいても、道を歩いている時間にできることはたくさんあります。たとえば表札を見ながら、こんな会話もできます。

**親**　「ほら、見てごらん。どのお家にも、こういう字が書いてあるところがあるでしょ。これね、その家の名前が書いてあるの。表札っていうんだよ」

**子**「へー、名前が書いてあるんだ。お家の名札みたいだねぇ」

**親**「そうそう、名札みたいなものなの。ほら、このお家は、大岡の大と、田ってい
う字が書いてあるでしょ。大田さんのお家ですよってこと」

**子**「そうか、それじゃあ、こっちの家は、大岡の岡と、田だから、『おかた』だね？」

**親**「よく気づいたわね。確かに大岡の岡と、田だから『おかた』。でも、これは、最
後の『た』が『だ』になって『おかだ』なの」

**子**「ふーん、そうなんだ。そっか、幼稚園のおかだ先生と同じだ」

これを繰り返せば、そのうち子どもはある程度の漢字を覚えてしまいますし、漢字そのものにも興味を持つようになるでしょう。

また、ときには少し遠回りして線路脇を通ってみましょう。すると「線路に石が敷いてあるのはどうしてかなぁ？」「まだ電車が見えないのにどうして踏み切りは電車が来ることがわかるのかなぁ？」など、疑問が次々と湧いてきます。

郵便局の前を通るのもいいと思います。郵便ポストを身近で見るだけでも、「どうして

赤いのかなぁ?」「どうして入れるところが二つもあるのかなぁ?」と、新しい疑問が湧いてくるでしょう。

いろいろな物を見ることによって脳が刺激され、今まで気にならなかったことからも、新しい「どうして?」「なぜ?」が生まれてくるものなのです。

ただし、こうしたことは子どもが一人で勝手にできるようになることではありません。一緒に歩く親が、「ほら見て」と声をかけ、「うちと同じ大という字を使っているのね」とか、「これが線路よ。でも、どうして電車は道を走らないで線路を走るのかしらね?」とか、「ポストって、どれも赤いよね。決まっているのかな?」と、興味を持たせるような話をすることで、好奇心旺盛な子に育っていくのです。

# ある程度の知識も必要

知識ばかりで知恵が働かないというのでは困りますが、知識がまったくなければ、知恵も働きようがありません。知恵とは、持っている知識と知識を結びつけるもの。知識を使う術を知恵というのですから。

たとえば私の教室でも、子どもたちに、「みんなのお家では、冷蔵庫に卵が入っているよね。みんなは好き？」と聞けば、「好き」と答えます。「どんな料理が好きなの？」と聞けば、「卵焼き」「目玉焼き」「スクランブル・エッグ」「ゆで卵」「卵かけご飯」…いろいろな料理の名前があがります。ところが「じゃああの卵、何の卵なのか知ってる？」と聞いた途端、教室は静かになってしまう。意外にも、知らない子が多いのです。

もちろん、何の卵なのかを知らないからといって困ることはないでしょうし、わざわざ教えなくても何かの機会に覚えるでしょうから、知らないまま大人になることもないでしょう。しかし、こんなことすら知らないというのは、もしかすると、親子の会話が少ないのかもしれません。また、子どもも子どもで、毎日のように食べている大好きな卵なのに、「これって何の卵なんだろう?」と、不思議に思うことはないのでしょうか。

幼児教育花盛りの今、母親は、字を読めるように、書けるように、英語を話せるように、計算ができるようにと一生懸命になっているのに、その子は実は、自分が食べている卵が何の卵なのかも、大好物のトリの空揚げが何の鳥の肉なのかも知らないということが起きています。もちろん、字が読めたり書けたりすることも、英語が話せるようになることも、計算ができるようになることも大事です。けれど、身の回りにあることに何の疑問も感じないで、何の興味も持たないで、ただそういうことだけが他人より先にできるようになるということで、本当によいのでしょうか?

さて、お宅のお子さんはどうでしょう?ぜひ、この機会に、「鶏の卵、食べたことある?」と聞いてみてください。

## お金の概念を教える

一般的には、お金について教えるのは小学校に上がってからでいいと考えられているようです。たとえばお小遣いにしても、「幼稚園・保育園のうちからお金を持たせるのは早すぎる、小学校の3～4年生になってからで充分だ」と考える家庭が多いように感じます。

ところで、みなさんのお宅では、お年玉をどうしていますか？「預かっておいてあげるね」などと言って、体よく取り上げてはいませんか？幼稚園・保育園のうちはそれもいいかもしれませんが、小学生になってからもこの取り上げ方式が続くというのには、いささか疑問を感じます。

また、「子どもはお金のことはいいの」「子どもは、お金のことなんか心配しなくていいの」なんてことを言って、子どもからお金を遠ざけようとしますが、では、いつからお金と向き合わせるようにするのでしょうか？その時期は、とても難しいと思います。

私は、小さいうちからお金と向き合わせることも大切だと思っていますし、そういう教育があってもいいのではないかと思っています。

もちろん小さいうちから大金を持たせ、欲しい物を自由に買わせるのは良くないでしょうが、自分のお金を自分で管理することくらいは、教えていくべきだと思います。その第一歩として、たとえば、子どもと一緒に銀行へ行ってその子名義の通帳を作り、いただいたお年玉を預金する。通帳にも、「○○おじちゃまからいただいたお年玉」などと鉛筆で書き入れる。そうやって、目に見える形でお金を貯めていくというのはどうでしょう。

お金は、一生付き合っていかなければならない大切なものです。だからこそ、上手な付き合い方を、幼い頃から段階を追って教えてやることが必要なのではないでしょうか。

# 無駄遣いの経験は無駄ではない

子どもにお金の使い方を学ばせるなら、お金を自由に使うという経験をさせてみてください。

毎月決まった金額を「お小遣い」として渡すのもいいでしょうし、お年玉をいただいたときなどに、その使い道を自分で考えさせるというのもいいでしょう。その際には、子どもが何を買おうが、どんな使い方をしようが、できる限り口を出さないようにします。「そんな無駄なものはやめておきなさい」とか、「後で本当に欲しいものが出てきたときに使ったら？」なんて余計なことは、なるべく言わないようにします。

たとえば、ここに1000円持っている子がいるとします。ちょっと立ち寄ったコンビニで、食品玩具を買って、300円ほど使いました。ところが、その後でデパートに行ったら、前から欲しいと思っていたおもちゃが800円で売っていました。「欲しい、でも買えない…」こうした経験を通して、子どもは『無駄遣い』ということを学んでいくのです。

多分、使わないだろうと思われる文房具なども同じです。親にはどんなに無駄に思えても、子どもにしてみたら欲しいから、必要だから、買うのです。買う瞬間には、ちゃんと理由があるのです。それが、どうしても欲しいものが目の前に出てきたのに、お金が足りなくて買えないとなったときや、結局使わないでいつまでも机のひきだしの中に入ったまま月日が過ぎていったとき、初めて「無駄なものを買ってしまった」と思うのです。

人間は、そういう経験を何度も何度もしながら、お金の使い方を覚えていくのだと思います。その意味では、無駄遣いも無駄ではないのです。

# お小遣いをやるときに、子どもと約束すべきこと

お小遣い制を始める時期については、その子の性格や成長の度合い、生活環境、各々のご家庭の考え方などによって決めるべきものであり、ここで私が「いくつになったら始めましょう」と言うことはできません。ただ、一般的に見ると、小学校の高学年にもなれば、毎月決まった金額をお小遣いとして子どもに渡しているご家庭も珍しくないようです。ところで、お小遣い制を始めるにあたって、お子さんと約束して欲しいことが一つだけあります。それは、全部使い切ってしまうのではなく、少しでいいから必ず残し、貯金箱に入れるということです。

ここで重要なのは、金額の大小ではなく、〝残す〟という行為にあります。

たとえば子どもが中学生になり、毎月のお小遣いを2000円と決めたとします。しばらくはそれで満足していましたが、そのうち「パソコンが欲しい」と言い出しました。そこで、「それじゃあ、毎月のお小遣いから少しずつでもお金を貯めて、パソコンを買う

ことにしたら？」と言うと、子どもは「2000円では無理だから、もう少し上げて欲しい」と言ってきました。ならばと、お小遣いを3000円にアップ。「これなら今までよりも1000円多いのだから、毎月その増えた分を貯金していけば、年末にはある程度の金額になっているだろう。パソコンを買うには足りないだろうが、お年玉と合わせれば、それなりの金額になるから、それでパソコンを購入すればいい。貯金を覚える、よい機会になるだろう」と思ってのことです。

ところが、毎月のお小遣いが2000円だったときに、全部を使い切ってしまっていた子は、3000円に増えてもやっぱり全部使ってしまい、お金が貯まらないことが多いのです。5000円にしても同じこと。お小遣いを毎月きれいに使い切ってしまう子は、あればあっただけ使う子である可能性が非常に高いのです。

一方、2000円のときに100円でも残せた子は、3000円になったら1100円残すことができるかもしれません。

2000円使い切ってしまう子と1900円だけ使う子の差はたった100円ですが、実はそれ以上の差があるのです。

# 本当に集中力がないのか？

「うちの子には、集中力がない」とお嘆きになる親は多いのですが、「集中力をつけるために何をしていますか？」と聞いても、そのための努力をしている方はほとんどいません。また、そういう方に、「お子様は、本当に集中力がないのですか？」とお聞きすると、「そう言われてみると、集中して遊んでいることがまったくないというわけでもないし…」と、何だか頼りない感じです。

つまり、本当に集中力があるのか、ないのか、それさえ見極めたわけでもないのに、何となく「集中力」という言葉だけがひとり歩きして、ちょっと落ち着きのない様子を見かけるとすぐに「集中力がない」と決めつけていることが少なくないのです。

しかし、私に言わせれば、絵本を読んだり、年齢相応のワークブックのようなものをやったりしたときにすぐに飽きてしまったからといって、集中力がないと嘆く必要はありませんし、また、初めてやることに興味を示さなかったからといって、集中力がないと言うのも間違っています。もし、本当に集中力の有無を知りたいと思うなら、ブロック遊びでもいい、テレビゲームでもいい、その子が一番好きな遊びをやらせてみてください。それでも10分と続かなかったなら、現在、その子は集中力が低いと言えるかもしれません。

そんなときは、ぜひお子さんが一番好きな遊びを通して、集中力を養っていきましょう。ブロック遊びが好きだというのであれば、一緒になってブロックで遊びましょう。そうして、少し飽きてきたなと感じたら、「ここにこのブロックを使うともっとカッコよくなるんじゃない?」と今作っているものをさらによくするように声をかけたり、「上手にできたね。じゃあ、次は車を作ってみようか」と次にすることに注意を向けたりしながら、その子が興味を持続できるように持っていくのです。

ところで、小学生になると、自分の部屋に行って勉強を始めたと思ったら、すぐに出てきて、「何か食べるものない?」と聞いたり、ようやく部屋に戻ったと思ったら、また出てきて、「そういえば、この前のアンケート明日までだから書いておいてね」と、別に今伝えなくてもいいことを言ってみたり、さらに、弟や妹が見ているテレビ番組を「あ、おもしろいじゃん」なんて言いながら、いつの間にかソファに座って一緒になって見ていたり…なんてことが頻繁に見られるようになります。そんなとき親というものは、なぜか集中力という言葉と結びつけ、「集中して勉強しなさい。まったく集中力がないんだから」と小言を言うものですが、そんな風に言われ続けていると、そのうち子ども自身も「自分は集中力がないのだ」と思い込んでしまいます。とても悪い傾向です。

集中力がない子とは、大好きなマンガでさえ読んでいるとすぐに飽きてしまう子のことであって、勉強が続かない子や、勉強に身が入らない子のことではありません。事実無根のお小言で、集中力のあるお子さんに、自分は集中力がないなどという間違った固定概念を植えつけないようにしてください。

# 第6章

# 遊び考・運動考

# 伝統的な遊びで
# 真の国際人に育てる

日本に昔から伝わる遊びには、文化的な側面もあります。親から子、子から孫へと伝承されてきた、日本の文化。ところが、今、親の世代ですら、こま回しができない人が増えています。もしここで子どもたちに伝承しなかったら、一つの文化が途絶えてしまうというのに、とても残念なことです。

将来、国際的に活躍して欲しいと願う親は多いのですが、英語を習わせることはあっても、日本の文化に積極的に触れさせようとしている親は少ないと感じます。しかしながら、英語が話せれば誰でも国際人になれるかといえば、そんな単純なことではありません。英語はコミュニケーションをとるための一つのツールではありますが、それ以上でもそれ以下でもないからです。

幼少時に、日本古来の遊びを楽しむことは、日本人としてのアイデンティティを形成していくとても重要な経験です。成長してからこうした経験を得ようと思っても難しいものですが、今なら楽しみながら、遊びながら、学びながら、たやすく身につけることができるのです。そうすれば、将来海外留学したときなどに、「日本にはね、けんだまっていう遊びがあるよ、お手玉って遊びがあるよ。こういう玩具で、こうやって遊ぶんだよ」と紹介することもできるでしょう。日本人を代表してこんなコミュニケーションがとれる人間こそ、真の国際人ではないでしょうか。

つまり、真の国際人となるためには、日本をこよなく愛し、日本の文化にも精通している「日本人」であることが大前提だということです。ネイティブのように英語を操ることはできるけれど、日本にはまったく興味がないという高校生よりも、英語は理解できなくとも、日本を知り尽くしているご老人の方が、はるかに国際人としての素養を持ち合わせているといえるのです。

私たちは、ともすれば、世界へ、新しいものへ、と目を向けがちで、自分たちの国である日本やその歴史については軽視している傾向があります。しかし、世界に羽ばたくにしろ、新しい時代を作るにしろ、連綿と受け継がれてきた文化や歴史という背景がしっかりとしていなかったら、どこへ行っても受け入れてはもらえないし、何をしても認めてはもらえないでしょう。日本のことをこよなく愛し、日本を知り、日本古来の文化や歴史を知り、相手にも紹介できる。そういう交流の中で、宗教観や歴史的背景や文化も含めた、相手の国を理解していく。そこから真の国際交流が始まっていくのですから。

子どもに、真の国際人に育って欲しいと願うのでしたら、海外にばかり目を向けるのではなく、自分が幼い頃に楽しんだ遊びを教え、一緒に遊ぶ。それも大切なことなのだと私は思います。

# 対戦型ゲームを見直す

幼稚園・保育園に行くようになると、対戦したり、競ったりするゲームができるようになります。たとえばトランプやカルタ、オセロ、すごろく、五目並べや挟み将棋なんて遊びもありますよね。教えれば、将棋も無理ではありません。さらに年齢が上になればなるほど、モノポリーや人生ゲームなど、こうしたゲームは広がりを見せていきます。世間には、実に多種多様なゲームがあります。そして、こうしたゲームに共通するのは、すぐ目の前に、生身の対戦相手がいることです。

目の前に、対戦相手がいる。その息遣いが聞こえる。ちょっとした仕草や相手の表情から、今どうやって勝とうとしているのか、今何を考えているのか、それが直に伝わってくるダイナミズムがある。そこで駆け引きも生まれる。さらに、勝っても負けても恨みっこなし。負けて悔しいから、再度戦いを挑む。どれも、向かい合ってのゲームならではの良さといえるでしょう。

また、トランプでもカルタでも、生身の人間とやるゲームは、自分が負けそうになったり途中で飽きたりしても、勝手に「やめた！」とは言えません。どんなに劣勢でも最後までやらなければならないし、どんなにつまらないと思っても最後まで我慢して続けなければなりません。自分勝手は通らないのです。少し厄介なこともありますが、そこには別の楽しさもあります。たとえば、途中で「もう勝てそうにないな」と思っても、諦めないで、何とか少しでも挽回しようと最後までがんばるとしましょう。すると、思いがけず、奇跡の逆転が起こることだってあるのです。

一方、一人でするテレビゲームは、負けそうになったらそこで終わりにし、リセットしてもう一度最初から始めればいいのだから、負けて嫌な思いをすることはありません。また、相手に気を遣う必要もなく、飽きたら止めればいいからとっても気楽。我慢する必要なんて、どこにもないのです。

もしかすると、最近空気が読めない人が増えているのは、テレビゲームの台頭と無関係ではないかもしれません。とすれば、このままでは、今後ますます空気が読めない人が増えていくことになってしまうかも。うーん、かなり心配です。

ゲームといえばテレビゲームやオンラインゲームをさすのが今の時代ですが、コミュニケーション能力や悔しさ、そして我慢強さを学ぶことのできるトランプやカルタ、あるいは人生ゲームといったリアルな対戦型ゲームは、もっと見直されるべきだと思います。ぜひ親子で遊んでみてください。

# テレビゲームは悪か？



毎年クリスマスシーズンが近づいた教室では、母親たちが、「やっぱりゲームは、子どものためによくないですよね」とか、「ゲームはまだ早いですよね」とか、「勉強の妨げになりますか？」なんて会話をしていることがあります。彼女たちの言うゲームとは、Ｗｉｉやプレイステーション、ＤＳといったいわゆるテレビゲームのことです。

私は、テレビゲームは子どものために絶対によくないとも思っていないし、何歳になったら買い与えてもいい、何歳になるまではダメだなんてことも思っていません。ただ、買い与えるときには、最初にルールを決めるべきだとは思います。たとえば、一日に1時間だけと時間を決めるとか、ゲームをするのはその日にやるべきことをやってからと約束させるとか。そうやって、ダラダラとゲームをし続けるような状態を作らないことと、生活のリズムを崩させないこと、ゲーム一辺倒になるのではなく、他の遊びもバランスよく取り入れていくことなどができていれば、親の監視下で子どもがテレビゲームをやることは、大した問題ではないと思っています。

私が気になるのは、むしろ親の方です。やらせておけば、子どもは一人でおとなしく遊んでいてくれるテレビゲームは、親にとってとても都合のいい玩具です。ともすれば、一緒に遊ぼうとカルタやトランプ、ボードゲームなどを持ってきた子や、絵本を読んで欲しいとねだる子に、「ママは今忙しいの。そうだ、向こうでテレビゲームでもやっていたら？」と、適当にやり過ごす格好の材料になってしまいがちです。母親には母親の言い分があるのでしょうが、こんな風にしていると、そのうち子どもは一緒に遊ぼうとも、絵本を読んでとも言わず、最初からテレビゲームをやるようになるでしょう。そして、近い将来、ゲームばかりやる子になっていくのです。

先日、レストランで、家族でテーブルを囲んでいるにもかかわらず、その輪に入らず一人で携帯型ゲームに興じている小学生くらいの男の子を見かけました。黙々と画面を見、指を動かしている子どもを咎めることもなく、両親は話をしています。注文した料理が来ると、その子は少し手を休めてさっさと食事をし、またゲームに戻りました。

問題はゲームでも、子どもでもなく、親にある。そう感じられて、心が痛くなりました。

# 日常の遊びで運動神経を培う

私が小学校から中学時代を過ごした１９７０年代、日本人選手の活躍や漫画『エースをねらえ！』の大ヒットにより、日本にテニスブームが巻き起こりました。私も御多分にもれず、中学生になるとテニス部に入りました。

さて、ここからはちょっとした自慢話になりますが、私は中学3年のときに都大会のダブルスで優勝。シングルスは全国大会出場を果たし、全日本ジュニア（16歳以下）でもベスト16に入りました。

といっても、私にテニスのテクニックがあるわけではありません。私がテニスを始めたのは中学に入ってから。それも学校の部活でしたので、1年の頃は玉拾いばかり。毎日3時間の練習時間のうち、ボールを打たせてもらえるのはせいぜい20分程度でした。さらに、コートは5面あったものの、部員も１００名近くいたために、2～3年生になってもあまり打てず、指導者も部長先生お一人だけ。お世辞にも理想的な練習環境とはいえませんでしたが、上手な先輩を見ながら覚え、ボールボーイをしながら脚力を養い、互いに切磋琢磨《せっさたくま》する毎日でした。そしてそうした日々の中で私が覚えたのは、拾っては打ち返し、また拾っては打ち返すという体力勝負の泥臭いテニス。午後から試合のときは日没覚悟。相手の足がつって勝つことも何度かありました。あるとき、私の試合を見ていた後輩の一人が、ラリーの途中でパンを買いに出たのですが、戻ってきたときもまだそのラリーが続いていたという逸話が残るほど、徹底的に拾いまくるテニスでした。

先輩からの「お前は負けないテニスをしろ」「お前のテニスはけっして器用じゃないけれど、不器用は器用に勝るんだよ」という言葉が支えになり、前述の成績につながったのだと思います。

ところで、プロの試合を見ていると簡単そうですが、実は、ラリーを続けるのはそれほど簡単なことではありません。初心者にとっては、ラケットの中心でボールを捕らえることだけでも難しいものです。ところが、私の場合は、生まれて初めてラケットを握った日から、なぜか多少なりともラリーができたのです。

理由はいくつか考えられます。一つには、幼少の頃からスイミング、スケート、スキー、陸上と、母が幅広くスポーツを経験させてくれたおかげで、ある程度は運動神経が磨かれていたのだろうということ。ただ、これだけではボールをラケットで打ち返すことにはつながりません。今にして思えば、毎日の遊びの中で培われたものも大きかったように思います。

たとえば、小学生の頃は、牛乳屋さんからビンの丸い蓋を毎日のようにもらい、近所の川に投げては、友達と距離を競って遊びました。助走、投げる角度、腕の振り、手首のスナップなど、すべてがうまくいくと50メートルくらいは投げることができました。また、紙飛行機、紙鉄砲、メンコ、こま回しもよくやりましたが、そうした遊びの中には、腕をムチのように使う動きがありました。さらに、小学校低学年の時は公団住宅の7階に住んでいましたから、日に2〜3回は1階から7階まで、階段の昇り降りをしていました。こうした小さなことの積み重ねによって、足腰が鍛えられ、さまざまな感覚が身についたことが、私のテニスの素地になってくれたのではないかと思います。

脳神経が著しく発達する6歳までに、さまざまな動きを経験すると、運動神経がより培われるといわれています。将来、どんなスポーツをやることになるとしても、その技術の習得に大きく役立つことは間違いありません。今の子は、家の中で遊ぶ機会が多くなっているだけに、意識して毎日の生活や遊びの中で体を動かすようにして欲しいと思います。

## 家の中でも簡単にできる、ちょっとした運動

### 1 ティッシュ取り

ティッシュを1枚手に取り、子どもと向かい合って立ちます。

「今からこれを落とすから、下に落ちる前に拾ってね」と言い、ティッシュを高いところから落としましょう。

※高さを変えたり、数枚まとめて落としたりすれば、どんどん難しくなります。

### 2 紙風船

折り紙や新聞紙、広告などで作った紙風船を利用し、一定のリズムでポンポンとついて回数を数えます。まずは10回を目標にし、達成できたら回数を増やしていきましょう。

## 3 紙コップでボールを受け取るゲーム

片方の手に紙コップ、反対の手にボールを持って立ちます。ボールを下に落とし、バウンドして戻ってきたところを紙コップで受ける遊びです。

上手にできるようになったら、紙コップを逆さにし、底の部分で受けるようにします。左右どちらの手でもできるようにしましょう。

# 第7章
# 半歩先行く子育て論

# 「ありがとう」と言える子、言ってもらえる子



母親が「ありがとうはしたの？」「ありがとうってちゃんと言ったの？」と子どもに声をかける姿をよく見かけます。子どもを育てていくうえで、誰かに何かをしてもらったら、すぐさま気持ちの良い「ありがとう」という言葉が自然に出てくるような子にすることはとても大切です。

しかし、「ありがとう」と言うだけでは、やってもらってばかりということになります。できることなら、その先を目指したい。つまり、「ありがとう」と言える子であると同時に、「ありがとう」と言ってもらえる子になるということです。

世の中には、プレゼントを贈ることが好きという人がいます。「プレゼントをあげると、相手の人が喜んでくれる。その喜ぶ顔を見るのが好き」「相手が喜んでくれると、自分も嬉しくなる」ということなのでしょう。

多くの母親は、子どもがある程度の年齢になると、何かにつけて「自分のことは自分でしなさい」と口にするようになります。すぐに他人に頼るのではなく、自立した人間

になって欲しいとの願いがあればこその、呪文のような言葉です。けれど、これも度が過ぎれば考えものです。あまりに呪縛《じゅばく》が強すぎて、誰かが困っているときや助けが必要なときにまで「自分のことは自分でしなさい」と見て見ぬふりをするような人間に育つようなことになっては、それこそ悲劇です。

私は、子育てには、「人のことを自分がする」という考え方を積極的に取り入れて欲しいと思うのです。たとえば、休日に〝母親のために〟父親と一緒に食事を作ったり、お掃除をしたり、お買い物に行ったりする。そうやって、〝いつもしてもらっていることを、してあげる〟という経験をさせて欲しいのです。もちろんそうしたときには、とびっきりの笑顔で「ありがとう」と言ったり、お子さんを抱き締めたりして、心から喜んでいる様子を見せてください。お子さんはきっと幸せな気持ちになり、またやりたいと思うことでしょう。

さて、こうして幼い頃から「してあげる幸せ」を感じながら育った子は、幼稚園・保育園でも、手洗いの後ハンカチを忘れて困っている子を見かけたら、自分のハンカチを「はい」と貸したり、お弁当の時間、箸箱が開けられなくて困っている子を見たら、「僕がやるよ」と手伝ったり、そういうちょっとした親切がごく自然にできる子になり、「ありがとう」と言われる機会も増えていきます。さらに、こうして「ありがとう」と言われることの喜びを感じながら育つことが、ゆくゆくは他人の喜びを自分のことのように喜べる人間へと成長させ、その子の人生をより楽しいもの、より豊かなものにすることにつながっていくようにも思うのです。

昔、母から聞いた「天国と地獄の話」が思い出されます。天国も地獄も、同じように大きな食卓に、見たこともないような素晴らしい御馳走が食べきれないほどたくさん並んでいて、人々は1メートル以上もある長い箸で食事をするのだそうです。さて、地獄では、その長い箸で自分の口に食べ物を運ぼうとするから、ちっとも食べられません。躍起になればなるほど食べ物はこぼれおちてしまって、目の前には山ほどの御馳走があるのに、人々はどんどんやせ細っていきます。一方、天国では、その長い箸を使って、自分ではなく他人の口に食べ物を運ぶので、みんな美味しく御馳走を食べることができ、いつも満腹でニコニコしていられるというお話でした。

同じ環境でも、住む人の心次第で天国にも地獄にもなる。ならば私たちは、天国の住人を育てたい。そう思います。

## 「できるまで」より「楽しくなるまで」

教えても教えてもなかなか覚えてくれなかったり、何度も同じところを間違えたりすると、親の方も腹立ち紛れに「できるようになるまでは、終わらないからね」などと宣言してしまうことがあります。それでできるようになればいいのですが、実際には達成しないまま終わることの方が多いものです。

もちろん、親の言葉には子どもを奮起させようという気持ちが含まれているのですが、子どもの方は、「できるようになったら終わりなんだから、がんばろう」とは思いません。「できなかったら、本当に終わらないのかなぁ」と不安になり、どうすれば終わってくれるのかばかりが頭の中を駆け巡ります。その結果、やりたくなさそうな態度をとったり、泣いてみせたりすることになります。そんな子どもを見ると、ますます親はイライラし、「やりたくないならやめなさい」とか「泣くことないでしょ。そんなことじゃ無理だから、続きは明日にしましょう」なんて言い、ときには本当にやめてしまうことになります。

しかし、一度こんなことになったら最後、子どもはできなくてもこうすれば終われるという悪知恵を学んでしまいます。そして、次も、その次も、やっぱりふてくされたり泣いたりするようになるのです。

こういうときには、「楽しくなったら終わりにしましょう」と言ってやりたいものです。そうすれば、子どもの心にも余裕ができ、楽しそうなふりをしながら、積極的に取り組むようになるでしょう。すると不思議なことに、前よりもできるようになるものです。

以前、長野に向かう車の中で、妻が娘に算数の問題を出し始めたことがありました。「1500円のシャツが二割引で売っていました。いくらでしょう?」「ズボンを三割引で買ったら1400円でした。普段はいくらで売っていますか?」「3000円のセーターを1800円で買いました。何割引ですか?」……休むことなく次々と飛び出す問題に、時折間違えながらも必死に答えていた娘でしたが、とうとう、「ねえ、いつまでするの?まさか長野に着くまでなんて言わないでしょうね」と言い出しました。妻が平然と「わかるまでよ」と答えると、途端に不機嫌になり、つまらないミスを繰り返すようになりました。そこで私が「算数の問題を解くのが楽しくなったら、おしまいにしよう」と助け船を出したところ、娘は「本当ね? 楽しくなったら終わるのね?」と確認し、不気味な作り笑顔で問題を解き出したのです。すると、不思議なことに、間違えることもほとんどなくなりました。前向きに取り組んだ成果でしょう。私も、どうせなら本当に楽しませたいと思い、「食いしん坊のお兄ちゃんは、お腹がすいたのでお弁当の四割を早弁したら500グラムなくなりました。お弁当は最初何グラムでしたか？」といったユーモラスな問題を出してやると、「おもしろい！もっと出して」と言うようになりました。

極楽とは、楽を極めることではなく、楽しみを極めることだと思います。

# 困るからではなく、楽しいから始めよう

最近は、英語を習う幼児が増えました。私の教室でも、多くの子どもたちが英語教室にも通っているようです。そこで、何人かの母親に「どうして英語を習わせるのですか」と尋ねたところ、「将来、英語くらいは話せないと困りますから」とおっしゃいました。

実は私は、この、『困らないように学ぶ』という考え方が好きではありません。

子どもに何かの習い事をさせるとき、たとえばサッカーの場合、「サッカーできないと困るでしょ」と考えて始める人は多分いません。サッカーが好きだから始めるはずです。ピアノだって、バレエだって同じです。「できなかったら困る」ではなく、「できたら楽しいよ、おもしろいよ」と言って始めるはずです。なのに、なぜ英語は困るから始めるのでしょう。

ちなみに、私は英語を話しません（話せません）が、困ってはいません。この歳まで生きてきて、海外にも何度か行きましたが、多少の不便はあっても、困った経験はあり

ません。英語に限らず、できなくて困ることなどこの世にはないのです。できなければできないなりに、考え、工夫して、困らないように生活していくことができるのですから。世の中は、できないと困ると思っている人が困り、できなくても困らないと思っている人は困らないようにできているのです。

さらに、習い事の場合、できなくて困ると言って始めるよりも、できたら楽しいと思って始める方が、絶対に長続きするし、良い結果にもつながっていきます。

ところで、私の担当している授業の一つに『聞き取り話し方』というクラスがあります。これは、みんなの前で大きな声ではっきりと、自分の思っていることを自分の言葉で話せるようにするためのクラス。多くの母親は、「みんなの前で大きな声でお話できないと困るでしょ」と言って子どもを連れて来られますが、授業の最初に、「みんなの前で大きな声でお話できなくて困っているの?」と聞くと、子どもたちは「困ってな〜い」と声をそろえます。つまり、困るというのは、親が子どもにやらせようとするときの脅し文句でしかないのです。「困るでしょ?」と言われれば「困る」と答えるかもしれませんが、本当に困っている子などいないのです。

そこで私は、こんな話をします。

「大岡先生もね、ちょうどみんなと同じくらいの年の頃に、英語を習っていたんだ。先生のお母さんは、先生が大きくなったときに、英語が話せないと外国の人に話しかけられたときに困ると思って習わせたんだよね。だけどつまらなくて、途中でやめちゃった。ということは、大岡先生は英語ができなくて困っているということになるけど、それがちっとも困っていない。でもね、困ってはいないけど、話せたら楽しいだろうなと思うことはよくある。だって、英語が話せると、日本人だけじゃなくて、アメリカ人やイギリス人や、世界のいろんな国の人とお話しすることができる。それってとっても楽しいよね。みんなもね、大勢の前でお話ができたり、初めて会ったお友達とお話ができたりしたら、きっと楽しいよね。だから困るから話せるように練習するんじゃなくて、楽しいからするんだよ」

この話をすると、子どもはみんな明るい表情になり、教室全体にも、楽しい雰囲気が満ちてきます。「できるようになったら、楽しい」という言葉が、まるで魔法のように、子どもたちの心に「できるようになりたい」という気持ちを芽生えさせるからでしょう。

人間の行動の動機の中心は「愛」か「不安」。でも不安から始めたことの成功率はとても低いのです。

みなさんも、そろそろ『困るから始める』という感覚はやめにしませんか？

# やりたがったらさせるのか、やりたくなくてもさせるのか？

年長児の授業で「折り紙」をとりあげたところ、珍しく、何一つ折ることのできない生徒がいました。たいていの子は、年長にもなれば、一つや二つは折れるものがあるのが普通なので、不思議に思って母親に聞いてみたところ、「家にも折り紙はあるんですが、本人がやりたがることがなかったので、今まで一度も一緒にやったことはありません。それに、幼稚園でも習っている様子はありませんし…多分、初めてやったんだと思います」とのことでした。

ところで、どんなことにも興味津々で、新しいおもちゃや遊びにも「どうやって遊ぶの？」「どうすればいいの？」と、積極的に取り組む子もいれば、最初はほとんど興味を示さないのに、何かのきっかけで始めるととことんハマる子もいます。

実はこれ、大人も同じなのですね。以前は、真冬の休日、早朝からゴルフに出かける私の姿を、「この寒さの中、何が楽しくてゴルフなんて」と、なかばあきれ顔で見送っていた妻でしたが、私と共通の趣味を持つためなのか？近くのゴルフスクールに入会したのをきっかけに、一人でも打ちっぱなしに通うようになり、今では小雨が舞っても関係なく嬉々としてコースを回っています。かく言う私自身も、体が動くうちはスポーツをと思い、ゴルフ、テニス、ジョギングを楽しんでいたのですが、ひょんなきっかけで釣りをしたところ、見事にハマってしまいました。最近では、錆びにくいステンレスのマイ包丁（しかも柳刃と出刃の2丁）まで携帯し、釣ってきたアジやサバを一夜干しにしたり、シメたりして、家族に振る舞うのが楽しみになっています。わからないものです。

子どもがみんな、何にでも興味を持つわけでもなければ、新しいものに敏感なわけでもありません。ましてや子どもの場合、この世にそういうものがあると知らないものの方が多いのですから、放っておいたのでは、遊びそのものに出会わないで終わってしまう可能性だってあります。〝自分から〟は大切ですが、何でも「やりたい」と言い出すまでただ待っているというのは、いかがなものでしょう。少なくとも、「これは経験させておきたい」「これはやらせておいた方がいい」というものについては、親の方から誘い、教え、きっかけを作ることも必要なのではないでしょうか。

前述の私の生徒にしても、年長にもなって何も折れないと諦めてしまうのではなく、一つでも、二つでも、簡単なものから折り方を教え、「上手ね」「こんなの折れるなんて、すごいわね」と褒めてやれば、それがきっかけとなって折り紙の楽しさに目覚めるかもしれません。また、一度楽しさに気づいた子は、幼稚園・保育園でも、お友達に教えたり、習ったりするようになるでしょうし、もっと違うものがたくさん折れるようになりたいと思うようにもなるでしょう。そうなれば、次から次へと折り方を覚え、あっと言う間に折り紙が得意になる可能性はいくらだってあります。要はきっかけなのです。

# 好き嫌いがない子ではなく、嫌いなものでも食べられる子に

食べ物の好き嫌いがあることを良いことだと思っている母親はいないでしょうが、あからさまに悪影響が出るわけではないので、嫌がるものを無理やり食べさせるのではなく、好きなもので充分な食事をさせようという方向に行きがちです。しかし、「嫌いだから食べない」を続けていると、後々、大きな影響が出てくることになります。

人間の脳は、私たちが何か食べ物を口にするたび、その食べ物がどのような影響を自分に与えるのかを学び、記憶しているといいます。また、そうやって蓄積されたデータから、今の自分の体調にあった食べ物や、今自分の体に必要な栄養素を含む食べ物を選び、これを食べなさいという指令も出しているそうです。疲れたときに甘いものを食べたくなったり、妊娠初期に酸っぱいものが欲しくなったりするのは、そうした脳の働きの顕著な例といえるでしょう。これは、自分の体を健康な状態に保つための自律神経の働きによるもので、人間の優れた本能の一つとされます。

ところが、幼少時からあまりにも偏った食事ばかりしていると、脳にデータが蓄積されず、自律神経も活発に働かなくなってしまうため、結果的に不健康な人になるといいます。私は、これが最も大きな問題だと思います。

好き嫌いのない子は理想的ですが、私は、ある程度の好き嫌いがあるのは仕方がないと思っています。しかし、アレルギーでもないのに食べられないものがあると今はよくてもその子の将来に暗い影を落とします。嫌いなものを好きにするのは難しいでしょうが、せめて、『本当は嫌いだけれど、出されれば食べられる』という状態にまでするのは、母親の責任です。野菜が苦手、魚が苦手という子は珍しくありませんが、苦手だから避けるのではなく、美味しく食べられるように工夫をしましょう。調理方法はもちろんですが、一緒に野菜を育てたり、家族で釣りに行ったりして、食材への愛着を持たせることも、苦手を克服するのに一役かってくれるはずです。

# 成績の良い人間と、社会で求められている人間は違う

子どもを持てば、心配は尽きません。幼稚園・保育園に入り、他の子と一緒にいろいろなことをするようになると、今までとは違った心配が出てくるでしょう。たとえば運動。クラスのほとんどの子がスキップできるのに、自分の子ができないと、「この子、運動神経が鈍いんじゃないかしら」と思うものです。またジャンケンで勝ったか負けたかが瞬時にわからなかったりすると、「こんなことで大丈夫なのかしら」と思うかもしれません。

小学校へ行くようになれば、さらに心配事は増えていきます。最大の種は勉強です。たとえば宿題をしていて物覚えが悪いことに気づいたり、テストの成績が悪かったりすると、「この子、今からこんな調子でこの先大丈夫かしら?」と。1学期の通知表が芳《かんば》しくなければ、「どうしたものかしら」と悩むことになるかもしれません。

けれど、学校の成績が悪いと社会に出て困った人間になるかというと、そんなことは

ありません。学校の成績と、社会で役立つ人間になるということとは、まったく別の話なのです。

だいたいにおいて、学校の成績というものは突き詰めれば記憶力の良し悪しです。確かに昔は、何かを調べようとすればそれ相応の時間と労力が必要でしたから、何でも記憶しておける能力は重要でしたし、重宝がられたのでしょう。しかし、パソコンの普及とインターネットの発達により、どんなことでも瞬時に調べられる世の中になった今、人間が逐一記憶する必要はなくなりました。今後、さらにテクノロジーが発展すれば、この分野での人間の価値はますます下がっていくでしょう。

では、これからの時代、何が求められるかといえば、新しく何かを考え出せる人間であり、その実現に向けて一歩を踏み出せる行動力のある人間ではないでしょうか。つまり、知識だけでなく、知恵のある子に育てることがますます重要になっているのです。

ただ、残念ながらそうした能力は数値で測ることなどできませんし、評価するのも難しいもの。学校の成績も、しばらくは記憶偏重が続くでしょう。ならば、せめてご両親にはそうした視点でわが子を見てやって欲しいし、学校の成績に一喜一憂することなく、導いてやって欲しいのです。

私の経験では、「テニスがうまい」と「テニスが強い」は別でした。「社会的地位がある」と「社会性がある」も違います。同様に、「成績が悪いこと」と「生きる知恵があること」もまったく別の問題です。学校の成績が振るわなければ努力させるのは当然ですが、成績が悪いくらいで自信を失わせないようにしてください。やる気さえあれば、社会では立派に通用するものですから。

# 先生を敬える子に

昔、学校の先生は聖職者と呼ばれ、生徒はもちろん、父兄や地域の人々からも尊敬される存在でした。それが今ではどうでしょう？ 思春期や反抗期を迎える中学生・高校生はもとより、小学生まで、先生を敬う気持ちが薄らいでいるように感じられて残念に思います。なぜ、子どもたちは、先生を尊敬しなくなってしまったのでしょうか？

もちろん、尊敬に値しない先生がいるというのも一つの理由でしょう。時折、目を疑いたくなるような教師の不祥事が新聞紙上を賑《にぎ》わせるなど、教師の質の低下は深刻な社会問題になっています。しかし、そうはいってもそんな醜聞はごく一部の話で、世間には、一生懸命に教育に取り組んでいる熱心な先生や、理想に燃え、真摯《しんし》に生徒と向き合う立派な先生も数多くいらっしゃいます。にもかかわらず、子どもたちは一様に先生を尊敬しなくなってしまいました。その一つの要因は、幼稚園・保育園の先生に対する親の態度にあるのではないだろうかと私は思っています。

最近の親は、無条件で幼稚園の先生を尊敬することが難しくなっています。原因はいろいろとあるのでしょうが、非常に大きな問題の一つに年齢があります。社会経験を持つ母親の増加にともない、結婚・出産の年齢は高くなり、子どもが幼稚園に通う頃には30〜40代になっていることも多いもの。一方、幼稚園の先生はといえば20代が主流。結婚したことも子どもを育てたこともなければ、社会経験も人生経験も浅い、発展途上の先生もたくさんいらっしゃいます。そうした先生が学校で習ったことを土台にして教育しているのですから、親にしてみたら頼りないと感じることもあるでしょうし、ときには批判的な意見を持つこともあるでしょう。人間は、心のどこかで見下したり、信頼できないと思ったりしていると、相手の悪いところ、足りないところばかりが目についてしまうものです。母親が集まったときなど、子どもがすぐ近くにいるにもかかわらず、「あの先生、若いからかしらね。先生というより、何だかお友達みたいで頼りないわよね」とか、「もう少ししっかりしてくれないかしら」とか、「あの調子じゃ心配よね」などと、日頃の愚痴が出てしまうことも、ないとは言い切れません。

しかし、見ていないようで見ているのが子どもです。聞いていないようで聞いているのが子どもです。母親同士の会話も実はちゃんと聞いていて、「ママは先生のことを良く思っていない」ということもしっかりと理解してしまいます。するとどうなるか。当然のことながら、子どもも先生を良く思わなくなってしまうのです。

さらに、幼稚園・保育園時代に先生という存在を認め、敬意を持てなかった子は、小学生になっても、先生を尊敬できるようにはなかなかなりません。いずれ見くびるようになっていく可能性も高いものです。自分が尊敬できない先生に、教えを請わなければならない、とても不幸なことです。

反対に、もし親が先生を尊敬し、先生の良いところを見つけて、それを子どもの前でも褒めるようにしていれば、子どもは、「自分は素晴らしい先生に教えてもらっているのだ」と感じますし、そういう気持ちを持っている子は、自然に先生を慕い、敬うようになっていきます。

幼稚園・保育園の先生は、ほとんどの子どもにとって生まれて初めて出会う先生であり、ここでの関係が、その後の先生との関わりの礎となっていきます。この事実を重く受け止め、日頃から、先生と接する態度に気をつけて欲しいと思います。

# 父親を尊敬する子に

私が幼稚園児だった頃、銀行に勤めていた父は、朝早く出勤し、夜遅くになって帰宅していたため、平日顔を合わせることはほとんどありませんでした。母から、「お父さんは家族のために、朝早くから夜遅くまでお仕事をがんばってくれているのよ」とよく聞かされたものですが、当時の私には、父がどんな仕事をしているのかもわかりませんでしたし、接点もあまりなかったため、正直いって父への「尊敬」や「感謝」の気持ちはなかったような気がします。

先日、年長児の授業で、「みんなのお父さんは、どんな仕事をしているの？」と聞いたところ、数人が「パソコンの仕事をしています」と答えました。ところがお母様方に聞いてみると、パソコンを使ってはいるが、コンピュータ関連の仕事ではないとのこと。どうやら、自宅でパソコンと向き合う父親の姿を見るうちに、誤解が生じたようです。

世の中には、医師や教師のように、説明しやすく、子どもにも理解しやすい職業もあれば、そうでない職業もあります。前述の私の父の場合も、銀行員、しかも外国為替の担当でしたから、母は説明しづらかったのかもしれません。しかし、大切なことは、父親の仕事の内容を正確に伝えることではなく、父親が家族はもちろん、多くの人のためになる仕事をしていることを理解させること。そのためなら、実際の仕事の内容とは多少のズレがあってもかまわないと私は思います。もし母が、実際の父の仕事とは違うけれど、銀行の業務の一部をかいつまんで、「たとえば、お家を建てるときには、とてもたくさんのお金がいるのね。お父さんは、お家を建てたいけれど、今持っているお金じゃ足りない人にお金を貸してあげて、お家を建てられるようにしてあげるお仕事をしているの。たくさんの人のためになる、とても大切なお仕事なのよ」とでも話してくれていれば、私は家を見かけるたびに、「この家もお父さんが建てたのかなあ。お父さんってすごいなぁ」と思ったかもしれません。

父親の仕事についても、単に「お仕事」ではなく、わかりやすくその内容を伝えてやることで、父親への尊敬の気持ちが芽生え、育まれていきます。そしていつの日か、「働く」とは「傍楽」、すなわち「周囲を楽にすること」が語源だと知るでしょう。

# 第8章
# 成功だけを追い求めるより、絵になる人生を送らせたい

# 常に目標を持ち、それに向かって努力する



常に、自分の目標を掲げ、それに向かって努力している人がいます。

たとえば、スポーツ選手。試合で勝つことであったり、記録であったり、練習での細かな事柄であったりと、内容は人それぞれですが、何か目標を掲げ、それに向かって努力をするという繰り返しが、プロ・アマ共通のスポーツの世界です。

さて、ここでみなさんに質問です。

**問1　あなたの夢は何ですか？**

果たして、どれくらいの人が答えられるでしょうか？

**問2　目標にしていることは何ですか？**

こちらはどうでしょう？「目標ですか…」と言葉に詰まったり、考えた挙句、「家族全員が健康な毎日を送ることかな…」なんて、お茶を濁してはいませんか？

忙しすぎて考える余裕がないのかもしれませんが、今の日本では、『目標を持ち、それに向かって努力する』という生き方を実践している人は少ないように感じます。けれども、幼い頃からそういう生き方をする親を見ていなければ、子どももまた、『目標を持ち、それに向かって努力をする』という生き方はできないでしょう。

誰かに強制されるのではなく、常に自分自身で目標を掲げ、それに向かって努力を続ける。簡単な道ではありませんが、何歳になっても人が人として成長し続けることのできるとても崇高な生き方だと私は思います。

# 小さな小さな目標を立てる、そしてそれに向かってがんばる



幼稚園・保育園に入ったら、『何らかの目標を掲げ、その達成を目指して努力する。クリアしたら、また別の目標を立てて、その達成を目指す』という生活を始めましょう。もちろん本人が自分で目標を立てるのが一番よいのですが、目標の意味すら知らない年少児に最初からそれを求めても無理なので、最初は親の方で目標を作って与えます。また、楽しく続けるための工夫や、ちょっとしたご褒美も用意します。そのうえで、子どもときちんと話しながら、こんな具合に進めていきましょう。


「〇〇ちゃんも幼稚園に入ったのだから、何か目標を持つようにしようよ」

「モクヒョウって何？」

「〇〇ちゃんが、こうなりたいなとか、こういうことができるようになりたいなということを言葉にして、それができるようにがんばることよ。どう？ やってみる？」

まずはこうした会話を通して、子どもから「うん、やってみる」とか、「がんばる」という言葉を引き出します。それができたら、具体的な目標を与えましょう。このとき重要なのは、一方的に目標を押しつけるのではなく、子どもをその気にさせ、さも自分で考えたように錯覚させることです。

「どんな目標にしようか？」

「何でもいいよ」

「そういえば、年長さんが、先生に『おはようございます』って元気よくごあいさつしてるでしょう」

「うん」

「それにする？」

「エッ、ぼくしてるよ」

「いつもしている？」

「……」

「それなら、『毎朝、先生に元気にごあいさつする』というのを目標にしましょう」
「うん、やってみる」
「○○ちゃんが、『毎朝、先生に元気にごあいさつする』ということを目標にするのなら、できた日にはカレンダーにシールを貼って、シールが五つ続いたら、ご褒美に、何か好きなお菓子を1個買ってあげることにしましょう」

首尾よく『毎朝先生に元気に「おはようございます」とごあいさつする』という目標を持たせることに成功しました。

次の日から幼稚園から帰ってきた子どもに、「今日は元気にごあいさつできた?」と聞きましょう。本人が「できた!」と言い、母親の目にもきちんとできていたと映った日は、「そうね、元気にごあいさつできて、かっこよかったね」と褒めて約束通りカレンダーにシールを貼り、「うーん…」と迷ったり、母親から見てもできていなかったという日は、「今日はいつもよりかっこよくなかったよね。だから今日はなし。明日は元気にかっこよくごあいさつしようね」と言葉をかけながら、シールが五つ並ぶまで続けていきます。

さて、目標が達成できた暁には、「目標達成ね！ よくがんばりました」と褒め、約束のご褒美を渡し、「〇〇ちゃんは、元気にかっこよくごあいさつできるようになったから、今度は別の目標を立てようね。何を目標にしようか？」と、次の目標へと持っていきましょう。

年少の最初の頃は、日々の躾《しつけ》が大切な時期です。「夜寝る前に歯を磨く」とか、「トイレに行ったら必ず手を洗う」とか、「お着替えを自分でする」とか、「脱いだ靴をそろえる」といった基本的な生活習慣であり、子どもにとっても身近で達成可能な事柄を目標にし、それに向かってがんばるということから始めていきましょう。

## 「毎日○○をする」から、「○○ができるようになる！」へ

年少の夏休みが終わる頃には、生活習慣以外にも目標にすべきことが増えてきます。マット運動や鉄棒をしている幼稚園や、楽器の演奏を教える幼稚園では、できる、できないの差が出てくる頃。子どもも本人も、「○○ちゃんはできるけれど、僕はできない」とか、「○○君はできないけれど、私はできる」といった認識を持つようになってきます。また、曜日や時間の感覚も備わってきますし、できるようになるために練習するということも理解できるようになってきます。

そこで、目標の内容も、それまでの『毎日続けて生活習慣を身につける』というものから、『いついつまでに、○○ができるようになる』という成果に変え、そのために練習をする、努力をするというように持っていくとよいでしょう。

また、達成するのに半年も1年もかかる目標を掲げても、目標そのものを忘れてしまうので、短期間で達成できる小さな目標を掲げ、それをクリアして、また次に行くとい

うことを何度も繰り返すことが大切です。年中児で1週間~2週間程度。年長児でも最長1か月を目安にしましょう。もし、時間のかかる大きな目標を掲げるなら、それを達成するための小さな目標をも同時に掲げ、徐々にレベルアップを図っていくという方法がよいと思います。たとえば、縄跳びやボールつきなら、「次の日曜日までに○回」と区切り、だんだん回数を増やしていくのです。お稽古事を始めたのなら、それを目標にするのも良いでしょう。ピアノやバイオリンなら、「次のレッスンまでにこの曲を弾けるようになって、先生に丸をいただく」というのも、立派な目標です。そして、目標を達成するためにはどうすればいいのかを一緒に考え、がんばるように持っていくのです。

さて、この時期になると、子どもも子どもなりにいろいろと考えるようになってきます。さらに年中、年長と進めば、「今回の目標は、跳び箱が跳べるようになることにする!」とか、「逆上がりができるようになることにする!」と、明確な目標を自分で立てられる子も増えていくでしょう。子どもと話し合って目標を決めるというスタンスはますます大切になっていきますし、親の考えと少しずれていても、子どもの意見を尊重する方が良い結果に結びつくことも多いものです。ただ、前回りができない子が逆上がりを、3

段の跳び箱が跳べない子が5段の跳び箱を目標にしても、達成するのは難しいでしょうから、そういうときは、「逆上がりは次の目標にして、まずは前回りからできるようにしてみない？」と、ある程度の期間で達成できそうな目標に修正することが必要です。

さて、このように、『目標を掲げ、それに向かって努力をし、クリアしたら、また次の目標を立てる』ということを繰り返していると、そのうち、『目標を持ってそれに向かって努力をする』ということが当たり前になっていきます。つまり、習慣化するのです。そうなったらしめたもの。それこそ、親が何も言わないでも、自分自身で目標を立て、それに向かって努力できる子になり、さらには、そういう大人に育っていくでしょう。

# 失敗も自信につなげる言葉かけ

目標を掲げ、その達成を目指して精一杯の努力をしても、ときにはその目標を達成できないこともあります。そうしたときに重要なのが、両親の言葉です。

Aちゃんと Bくんの二人が「1週間がんばって練習して、〝うんてい〟ができるようになる」という目標を掲げたとしましょう。Aちゃんは一生懸命にがんばって、毎日毎日熱心に練習をしましたが、1週間経っても〝うんてい〟ができるようにはなりませんでした。一方のBくんは、ちっとも練習らしい練習なんかしないで、毎日好き勝手に遊ぶだけ。たまに気が向くと〝うんてい〟もやる程度でしたが、なぜか1週間後にはできるようになっていました。

この場合、目標を達成できたのはBくんですが、本当に褒めてやるべきはAちゃんです。ここで大事なことは、その1週間、自らが掲げた目標を常に意識しながらすごしたかどうかであって、結果はそのおまけでしかないからです。Bくんが目標を達成できたのは、目標が低すぎたのかもしれませんし、能力が思いの外高かったからかもしれませんが、いずれにしろ努力の結果ではありません。

一方、目標は達成できませんでしたが、Aちゃんはできるようになるための努力を一週間続けてきました。この事実は大いに認めるべきですし、一週間前に比べればかなり上達しているでしょうから、その成果も認めてやらなければなりません。そこで、こうした場合には、「この一週間本当にがんばったね。それはママもよくわかっているし、とってもえらかったと思うよ」というように、きちんと言葉にして褒めてやること。さらに、「残念ながら、今回は目標を達成することはできなかったけれど、あんなにがんばったからここまでできるようになったのよ」とその成果を認めること。そうした言葉かけがとても重要になってきます。そのうえで、「あともうちょっとだったのに、悔しいね。だから、来週こそ達成できるようにもう一度がんばってみようよ」と、同じ目標にもう一度取り組ませるか、あるいは、「ここまでできたんだから、今度はもう少し先まで目指そうよ」と、成果を踏まえて新たな目標を設定するのです。

『失敗した後で高い目標を設定すると負担になる。ここは簡単にクリアできる目標にし、確実に目標を達成させて、自信を取り戻させる方がいい』という考え方があるかもしれ

ませんが、その子は、前回目標を設定したときよりも確実に前進しているのですから、
それを認めて次へと進むことが本人のやる気を促すケースも多いものです。

# 成功体験で成功をイメージできるようにする



日本が初めて近代オリンピックに参加したのは、1912（大正元）年のこと。以来90余年の歴史の中で、陸上競技の金メダルはわずか7個しかありません。内訳は、男子マラソン1、女子マラソン2、男子ハンマー投げ1、残り3個はいずれも男子三段跳び。しかも、1928年アムステルダム大会での織田幹雄に始まり、1932年ロサンゼルス大会の南部忠平、1936年ベルリン大会の田島直人と、三連覇しているのです。

実は、ベルリン大会で世界新記録を出して優勝した田島直人氏は、ジャックの発起人の一人でもあります。あるとき、どうして金メダルがとれたのかという話になったとき、彼は、「先輩が金メダルをとれたことによって、自分にもできるんじゃないかという気になった」と語ったそうです。つまり、金メダルをとることができるという具体的イメージを持ち、実現することを信じて練習した結果、金メダルを手にすることができたのです。

もしこれが、一人で三連覇を達成したのであれば、「ものすごい才能がある人が、大変な努力をしたんだね」という偉人伝ですが、同じ三連覇でも三人で成し得たとなると話は違ってきます。そこには、凡人にも学ぶべき事柄が隠されています。それは、①望むことを具体的に想像する〝image〟→②そのことを考え続ける〝think〟→③実際に行動する〝do〟→④実現を信じる〝believe〟という成功の方程式。成功者は、無意識のうちにこれを繰り返しているのです。

ボールつきでも、縄跳びでも、逆上がりでも、補助なしの自転車に乗れるようになることでもかまいません。どんな小さなことでもいいから、できなかったことができるようになる〝成功体験〟を幼児期にも数多くさせて欲しいと思います。ただし、〝成功体験〟とは、『できるようになった自分をイメージし、できるようになりたいと考え続け、そのために練習をする』という過程を経て、『できるようになる』ことであって、同じ『できるようになる』でも、年齢とともに自然にできるようになったのでは意味がありません。よく、「縄跳びやボールつきなんて、誰でもそのうちできるようになるのだから、何も今、むきになって練習しなくても…」とおっしゃる方がいますが、〝今〟努力してできるようになることに意味があるのです。

# 他人の成功を自分の成功にして喜ぶことが、成功体験につながっていく

TBSでここ数年お正月に放送されている「筋肉バトル‼スポーツマンNo.1決定戦」という番組をご存じでしょうか？ 世界のスポーツシーンで活躍するトップアスリートが集まってさまざまな競技に挑戦し、優劣を競い合うという番組で、2008年の元旦放送分には、サッカー界のスーパースター、ロナウジーニョまで登場しました。

この番組に、「モンスターボックス」という競技があります。言うなれば巨大な跳び箱。1メートル96センチからスタートし、現在の世界記録は3メートル6センチというのですから、ただものではありません。平屋造りの家屋ほどもあろうかという巨大な跳び箱に挑む各界の第一人者。なかなか迫力があります。

さて、この競技を見ていると、ライバルが成功するたびに手を叩いて喜ぶ他の出場者の歓喜の表情が映し出されます。番組用の演出かと思いきや、どうもそうではなさそうです。モンスターボックスという巨大な〝敵〟を前に、まずは自己ベスト、続いてさら

に上を狙って挑む挑戦者たち。会場には、それぞれが持っているだろう成功のイメージが共鳴し合い、互いを高め合っていく空気が満ちているようで、それが画面を通してビンビン伝わってきます。誰かの成功は、自分の成功のイメージをより鮮明にし、現実の成功をも引き寄せる――だからこそ、記録は伸びていくのです。彼らはライバルが跳べると心から喜び、手を叩いて健闘を称えることで、ライバルの成功に自分のイメージをシンクロさせているのです。そして、「やるなぁ。よし見てろ。次は俺の番だ」と自身を奮い立たせ、スタート地点へと向かうのでしょう。

もし、他の選手が挑戦するたびに、『失敗しろ、失敗しろ』と願いながら自分の番を待つ選手がいたとしたらどうでしょう? 他人の失敗をイメージしているようでは、自分のパフォーマンスは落ちるし、成功する確率も下がってしまうでしょう。さらに、ライバルが成功すれば、それが大きなプレッシャーにもなります。これでは、記録の更新など望めるはずはありません。

これは何もスポーツの世界だけではありません。世の中の多くの人は、自分がうまくいかないから、他人を妬《ねた》むのだと思っていますが、それは逆。本当は、他人を妬む気持ちがあるから、自分もうまくいかないのです。

子どもたちといると、「あのね先生、○○ちゃんは縄跳びが100回もできたのよ」「××くんは、6段の跳び箱が跳べたんだよ」と、仲の良いお友達ができるようになったことを、まるで自分のことのように、嬉しそうに報告してくれることがあります。「すごいでしょ！」。目を輝かせて話す子どもたちには、友達を妬む気持ちなど微塵《みじん》もありません。一緒になって喜ぶことで、自分もできるようになったような気になっているのです。私はそういう姿を見ながら、きっとこの子も近いうちにできるようになるだろうなと思います。

ところが、授業中に誰かが褒められたことや、何かをできるようになったお友達のことを嬉しそうに報告するわが子を苦々しそうな表情で眺め、「で、あなたはどうなの？」とちょっと意地悪そうに聞いたり、「○○ちゃんはいいの。あなたができるようになることが大切なの」と咎《とが》めたりする母親がいます。奮起を促そうとしているのかもしれませんが、これでは「自分はできない」という現実を突きつけることになり、かえって逆効果。それどころか、できるようになった子を妬む気持ちまで芽生えさせてしまいかねません。

こういうときは、「うわー、○○ちゃん、できるようになったの。すごいね」「きっと一生懸命がんばったのね。えらいね」と、お友達のことを褒め、ぜひ一緒に喜んであげてください。そうすればお子さんの心には、「よーし、次は自分だ!」という気持ちが芽生え、その気持ちが原動力となって、きっと近い将来、本当にできるようになるでしょう。

誰かが成功したとき、心から一緒になって喜べば、自分も成功したような気持ちになり、ある種の成功体験につながります。さらに言うなら、他人の成功を自分の成功にして喜べる子は、誰からも好かれる人になります。そんな子どもに育てたいとは思いませんか?

## 自分は運がいいと思っている子は、積極的な人生を送ることができる



人間生きていれば、良いことも、悪いこともあります。運がいいと思っている人の人生と、運が悪いと思っている人の人生を冷静に分析したら、良いことと悪いことの比率はそれほど変わらないのかもしれません。

けれど、両者には、大きな違いもあります。それは、運がいいと思っている人は、運が悪かったという出来事があってもすぐに忘れ、運が良かったことだけを覚えているのに対し、運が悪いと思っている人は、運が悪かった出来事をいつまでも覚えていて、運が良かった出来事を忘れてしまうということです。

これは幼児にもあてはまります。心のどこかで「自分は運がいい」とか「ついている」と思っている子は、何事にも積極的に挑戦します。困ったことが起きても、「どうにかなる」「何とかなる」と思ってがんばって、本当にどうにかしてしまいます。傍《はた》から見ると無理に思えることにでも積極的に挑戦し、諦めないでがんばるから、結局できるように

なってしまうのです。すると、「やっぱり私は運がいい」と思って、さらに積極的な人間になっていくのです。

一方、「自分には運がない」「ついてない」と思っている子は、困ったことが起きると、「やっぱり自分には運がないんだ」とすぐに諦めてしまうから、本当はできるはずのことでもできないままで終わってしまいます。順調にいっている場合でも、「きっと今に何かある」と不安に思うから、その不安が仇《あだ》になって失敗することになります。そのうち、やる前から「きっとまたダメだろう」と思うようになり、何事につけても消極的な人間になってしまうのです。

自分は運がいいと思わせることは、とても重要なことなのです。

# 「運がいい」と思わせる



子どもが、「自分には運がない」と思い始めるのはなぜでしょうか？　くじを引いても当たりが出ない、じゃんけんをしても負けてしまう、そのたびに「くじ運が悪い子ね」とか、「ついてないわね」なんて言われる…そういう〝ちょっとしたこと〟の積み重ねが、その子に「自分には運がない」と思わせてしまうのです。

しかし、その子は本当に運がないのでしょうか？

私が幼稚園の年少のときのことです。迎えに来た母の手を振り払い、走って門を出た私は、ちょうど走ってきた車にドーンとぶつかって、ポーンと飛ばされました。幼稚園の先生も、母も、友達も、友達の母親たちも、みんなが見ている前での事故だったから、幼稚園はもう大騒ぎ。すぐに隣の病院に運ばれあちこち検査をされましたが、幸いなことに怪我は足をすりむいただけでした。そのとき、医師から「これだけ飛ばされたにもかかわらず、目立った傷もないし、問題もないということは、不幸中の幸いですね」と言われ、母親からも「本当に良かった。あなたついてるわね。でも、これからは気をつけなさいよ。もう飛び出しちゃダメよ」と言われました。さらに、私を撥《は》ねた車の運転手さんがバームクーヘンを持ってお見舞いに来てくれたこともあり、私はそれを食べながら、「僕ってついてるかも」と思ったのです。

でももしそのとき、母親が、怪我がなかったことではなく事故にあったことにばかり注目して、「どうしてこんな場所で事故にあうの。運の悪い子ね」と言ったり、「飛び出してはダメといつも言っているでしょう。きかないからこういうことになるの。次からは気をつけなさい」と叱るばかりだったら、運がいいという思いとは結びつかなかったでしょう。

要は考え方次第。何事もいいようにとらえて、「運が良かったね」「ついていたね」「ラッキーだったね」と言ってやることで、子どもは「自分は運がいい」と思い込んでいくものなのです。

子どもがちょっとしたアクシデントに見舞われたときには、まず最初に、「この程度で済むなんて、本当に運のいい子ね」と言って欲しいと思います。叱るのは、その後で充分なのです。

## 明日はきっとできる

授業中、子どもたちに「自分はお勉強がよくできると思う人?」と聞くと、3種類の態度が見られます。

まずは、素早くサッと手を挙げる子。「自分はできる」と心から思っている子です。実際には、お勉強ができるとは言えない成績の子もいるのですが、それは問題ではありません。大切なのは、「自分はできる」と勝手に思い込んでいること。こういう子は、授業中とても楽しそうにしているし、問題に取り組む態度も良いものです。きっとご両親が、日々プラスの言葉を投げかけておられるのでしょう。私の経験からいって、こういう子は着実に伸びていきます。

次に、ジッとして手を挙げない子。日々の生活の中で、「自分はお勉強ができない」と思い込まされてしまったのでしょう。本当はかなり高い能力を持っている子でも、こういう子は伸びが芳しくありません。非常に残念に思います。

そしてもう一つが、背後で授業を参観しているご両親を振り返る子。自分では確信が持てないから、「手を挙げてもいいの？」とお伺いを立てているのです。

さて、私が興味深いのは、ここでのご両親の反応です。静かに首を横に振り、手を挙げないようにと指示する方がいらっしゃいます。すると子どもは、当然のことながらシュンとして下を向きます。また目を反らして気づかないふりをする方もいらっしゃいます。「自分で考えなさい」という意思表示かもしれませんが、子どもにはそうは伝わりません。やっぱりシュンとして下を向いてしまいます。一方、なかには大きくうなずく方もいらっしゃいます。すると、子どもは嬉しそうにサッと手を挙げる。そういう子は、次からは後ろを振り返ることなくサッと手を挙げられるようになっていきますし、成績も伸びる可能性が高くなります。

実は、本当はそこそこの成績なのに、なぜか「自分はお勉強ができない」と思い込んでいる子と、成績はさほど良くないのに「自分はお勉強ができる」と信じている子がいた場合、後者の方が良い結果を残すことが珍しくありません。勉強だけではありません。運動であれ、工作であれ、「自分はできる」「これが得意」と思っている子は着実に伸びていきますが、「できない」「苦手」と思っている子は伸び悩むことが多いのです。

ところで、最初から手を挙げない子に、「どうしてお勉強ができないと思うの？」と聞くと、ほとんどの子がご両親を振り返ります。私には、『この人がそう言っているから』という心の声が聞こえてきます。たった4歳、5歳の子が、「自分はできない子だ」と思うなんて、悲しすぎる。とても不幸なことです。

幼児には、自分ができるかどうかの判断はできません。現実はさておき、「できる」「得意」と思わせるのは、ご両親の言葉です。ぜひ、「自分はできる」「私はこれが得意」「僕はこれが上手」「明日はきっとできる」と思い込ませてやってください。そうすれば、結果は後からついてきます。

# 成功だけをやみくもに追い求めるのではなく、絵になる人生を送らせたい

私は、人生は、成功か失敗かではなく、その人の生き方が絵になるかならないかだと思っています。

たとえば、ここに、私立小学校の最難関といわれる慶応幼稚舎に合格し、そのまま大学まで進んだ人がいるとします。一方で、幼稚舎を受けて失敗し、中学で慶応を受けて失敗し、それでも諦めずに高校で慶応を受けたら合格した。喜んで浮かれていたら、ちょっと足を踏み外して退学処分。悔しいから、高卒認定（大検）を受けて受験資格を得て慶応大学を受験し、見事合格したという人がいるとします。この二人、どちらが成功かといえば前者かもしれませんが、どちらが絵になるかといえば、間違いなく後者です。

もちろん、最初から絵になる人生を送ろうと思ってわざわざ不合格になったり退学になったりするような人はいないでしょうが、結果として不合格になったり退学になったりしたとしても、諦めないで前を向いてがんばることで、絵になる人生、言いかえれば、

味のある人生になっていくのです。

私が常日頃接している親子には、秋になると一つの結果が出ます。第一志望の学校に首尾よく合格する子もいれば、それなりの力があったにもかかわらず、受験したすべての学校に縁がないまま終わる子もいます。でも、それはそれで仕方がないことなのです。競争率が4倍の学校を受験すれば4人に3人は落ちるのですし、それが人気のある学校、たとえば慶応幼稚舎なら、男子は約15倍、女子は約20倍と、落ちる人が圧倒的に多いのですから。

受験に限らず、何かに挑戦すれば、必ず成功が待っているわけではありません。つまり、それ相応の覚悟を持って臨まなければ、何もできないということです。しかし、だからといって、負けるのが嫌だから試合に出ない、落選するのが嫌だから展覧会に絵を出さない、不合格になるのが嫌だから試験を受けない、倒産するのが嫌だから起業しないでは、何も始まりません。人生とは、立ちはだかる跳び箱の連続です。勇気を出して次々と現れる跳び箱に全力で向かっていかなければ、前へは進めません。もちろん、失敗することだってあるでしょう。でも大事なことは、結果が出るまでにどれだけの努力をしたかであり、その結果が思わしくない場合でも、諦めず再起することだと思うのです。

どうぞ、うまくいかなかったときに悔しい思いをしたからこそ、〝今〟があるという人生を送れる子に育ててください。どんな経験も成功は約束されていませんが、成長は約束されているものなのです。

# 第9章
# 大岡流プレ義務教育実践編

# 思考力を養う

思考力は、拡散的思考、集中的思考、転換的思考の三つに分けられます。

たとえば、「リンゴ」というキーワードから、「赤い、くだもの、硬い、木になる、甘い…」と、それについて知っていることを考え出すのが拡散的思考。反対に、「哺乳類、泳ぐ、塩を吹く、大きい、ピノキオの話が出てくる」といったヒントから、「くじら」を連想するのが集中的思考。一方、今手のうちにあるキーワードやヒントとはまったく違うことを発想するのが、転換的思考です。

ここでは、親子で遊びながら思考力を養う方法を紹介しましょう。

これは、子どもだけがカードを見ながら、そこに描かれている絵について、知っていることと、思いつくことをあげ、親はその子どもの言葉だけをヒントに何の絵なのかを当てるゲームです。親が正解したら、その絵に丸をつけて次の絵に移ります。そうやって、次々と丸をつけ、ビンゴと同様、縦・横・斜めのいずれか一列（3個）に丸がそろったところで終了です。

ではやってみましょう。

**子ども**「鳥の仲間です」

**親**「からす？」

**子ども**「えーと、夜になると動きます」

**親**「ふくろう？」

**子ども**「正解。（ここで、ふくろうに○をつける）次は赤いくだものです」

**親**「りんご？」

**子ども**「んー、もっと小さい」

**親**「いちご？」

**子ども**「違うよ。ほらわかるでしょ、もーママったら」

ここで子どもが「丸い」とか「木になる」とか「甘酸っぱい」といった具合に新たなヒントを出し、親から正解を引き出して上一列のビンゴを目指すのか、あるいは、「さくらんぼ」は諦めて、「たこ」か「大根」に変え、縦か斜めのビンゴを目指すのかは、子どものの自由です。このゲームでは、絵を見ながらヒントを出すことで拡散的思考が養われると同時に、ビンゴの要素を加えたことにより、発想を転換する転換的思考も養われるのです。

また、子どもと母親の立場を入れ替え、母親がヒントを出して子どもが答えるようにすれば、集中的思考を養うこともできます。

なお、このゲームの目的はビンゴを作ることではなく、思考力を養うことですので、簡単に正解が導き出せてしまっては意味がありません。

たとえば、「赤いくだもの」というヒントだけで「さくらんぼ」と答えたり、さくらんぼが大好きな子にいきなり「○○ちゃんの一番好きなくだもの」なんてヒントを出したりしていたのでは、子どもの思考力は養われません。親は役者になったつもりで、答えがわかってもわからないふりをしたり、わざと難しいヒントから出したりしながら、子どもに考えさせるように持っていくことが必要です。

# 図形について

図形には、小さい頃から触れさせて欲しいと思います。幼児期には、図形を感覚で認識するからです。まずは、三角、四角、長四角、を認識することから始めましょう。

ここでは手軽な方法として、折り紙を利用した学習方法を紹介します。

**【準備するもの】**

折り紙（8色8枚）はさみ

**【学習方法】**

①親の指示通りに折り紙を折り、線に沿って切る。

②切った形を四角（元の折り紙の形）に戻す。

**例題**　黄色の折り紙を2つの同じ大きさの長四角になるように折ってから、切りましょう。

長四角を2枚
三角を2枚
四角を4枚
三角を4枚
長四角を1枚と四角を2枚
長四角を1枚と四角を1枚と三角を2枚
四角を2枚と三角を4枚
三角を8枚

※ポイントは形を分割したり、分割された形を元の四角に戻したりすることで、力がつきます。

# 数の操作

数は、概念として覚えさせるのではなく、身近な物、興味のある物、好きな物を引き合いに出しながら学習すると理解しやすいものです。幼児期には遊びを通し、楽しく数を学ばせましょう。「できるようになり、好きになる」は理想ですが、親が熱くなりすぎると、「少しはできるようになったが、数が嫌いになった」という残念な結果になりやすいので注意してください。むしろ、「できるようにさせるというよりも、できるようになった気持ちにさせること」の方が後々、良い結果につながっていきます。

学習時間は、机に向かっているときだけではありません。たとえば車の中や電車の中などちょっとした時間でも、最初に約束を決めさえすれば、数の学習は充分にできます。

ここでは、カードを使った数の学習法を紹介しますので、ぜひお子さんと楽しんでください。

**問題1**　その日のお天気によって、卵を産む数が違う不思議なニワトリがいました。

そのニワトリは、晴れた日は3個、曇りの日は2個、雨の日は1個の卵を産みますが、カミナリの日は、怖くて卵が産めません。つまり0個。今のお約束をしっかり覚えておきましょう。

**ステップ1　単純な足し算**

例　「最初の日は晴れ、次の日はカミナリでした。合わせて何個の卵を産んだでしょう?」

**ステップ2　補数**

例1「最初の日は雨、次の日のお天気はわかりません。でも、ニワトリは合わせ4個の卵を産みました。次の日のお天気は何ですか?」

例2「1日目は雨、2日目は曇り、3日目のお天気はわかりません。ニワトリは合わせて6個の卵を産みました。さて、3日目のお天気は何ですか?」

**ステップ3　組み合わせ**

例1「2日間で、卵を4個産みました。この2日間は、どんなお天気だったのでしょう?」

例2「1週間で10個産むようにカードを並べましょう」

## 指導法

まず、天気のカードをそれぞれ3〜4枚ずつ作成します。そして天気と卵の関係を記憶できているか確認します。最初は、ステップ1のような単純な合わせた数から、始めていきます。ステップ2では、2枚のうちの1枚を裏返しにして、後いくつあれば4個（例1）になるのかを考えていきます。つまり、引き算というよりも数を補っていく、補数の感覚を身につけていきます。ステップ3では、2枚ともカードを裏返しにして、4個になる場合でも晴れと雨、曇りと曇りのように、2通りの組み合わせがあることに気づかせていきます。子どもは答えた後でカードを自らめくり、正解した時の喜びを実感しながら、数が好きになっていくでしょう。

## 卒園するまでにできるようにしたい100項目

私が普段接しているのは、小学校受験を目指す子どもたちです。彼らは、私の教室で、数や図形、言語などに関する問題（通称ペーパー）に取り組んだり、運動をしたり、絵工作をしたりしています。もちろん、それらは私立あるいは国立の小学校に合格するための、いわば受験勉強なのですが、試験科目にある、ペーパー、運動、絵工作、行動観察、面接などができさえすれば、必ず合格できるかといえばそうではありません。

では、どういう子が合格するのかといえば、年齢相応またはそれ以上のしっかりとした生活習慣が身についている子なのです。その意味では、生活全体を見直して、〝可愛いだけの幼い子〟ではなく、〝子どもらしさがありつつも、しっかりした子〟に成長させることが大切なのです。

後述の100項目をお子さんと一緒に読み上げて、今いくつ「できる」があるのか、ぜひお子さんと話し合ってください。また、1か月後に同じことをやり、いくつ増えたかを親子で話し合ってください。子どもは、親から見てできていないことや、できそうにないことでも「できる！」と言うことがありますが、そのときは否定しないで、そのまま受け入れてください。きっと、自分自身をそれに近づけようとするはずです。そして、その成果は、いずれ形になって現れるはずです。



## 日常生活の能力

・ほうきやちりとりで掃除をする
・箸で、豆のような細かいものを挟む
・ナイフで簡単な食べ物を切り分ける
・カーテンの開け閉めや、部屋・庭の掃除などを手伝う
・雑巾やタオルをしぼって使う
・ビンの蓋を開けたり閉めたりする
・燃えるゴミと燃えないゴミを分けて捨てる
・ハンカチや風呂敷を使って物を包む
・やかんやペットボトルからコップに水を注ぐ
・お盆に物を載せて運ぶ
・洗濯物をたたむ

## 言葉の表現・理解

・「うん」ではなく「はい」と返事をする
・自分の名前、住所、電話番号、誕生日が言える
・家族の名前が言える
・幼稚園・保育園であったことをわかるように話せる
・簡単なことづけなら間違いなく伝えられる
・何かわからないことがあったら人に聞く
・どんな遊びをするかについて、友達と相談して決める
・電話の取次ぎができる
・「おしっこ、うんち」ではなく
「トイレに行きたい」など、年齢にあった話し方をする
・曜日の感覚がある
・ひらがなが書けなくても読める（自分の名前は書ける）
・簡単な買い物やおつかいに行ける
・人が話しているときは聞き、それが済んでから話す
・言葉遣いを大人と友達で区別ができる

時間単位で時刻がわかる

## 体のこなし

ケンケン（両方の足）ができる
スキップができる
左右が体で理解できている
ブランコで立ちこぎができる
鉄棒のぶら下がりが30秒できる
くま歩き（四つんばいで進む）ができる
あざらし歩き（両腕で下半身をひきずる）ができる
片足バランスが、動かないで30秒できる
ブリッジができる（手足を使って体を反る）
あんたがたどこさ（ボールつき）ができる
縄跳びが連続して30回跳べる
お手玉（2個）ができる
補助があれば逆立ちができる
ケングーパーやグーケンパーケンなど、複雑なステップが連続してできる

・跳び箱を四段、開脚跳びできる

## 集団行動

・ままごと、お店屋さんごっこなどのごっこ遊びをする
・積み木遊びで、友達と協力して一つの物を作れる
・運動会などで、チームのために一生懸命に応援をする
・遊びの決まりを変えて、新しく作れる
・順番やルールを守って、友達と仲良く遊ぶ

## 自己統制

・理由をきちんと説明すると、嫌いなことでも我慢して取り組む
・いけないと言われたら、おねだりしないで我慢する
・約束したことは守ろうとする
・少しぐらいのことでは泣かない
・自分よりも小さい子のわがままを許せる
・外で遊んでいるとき、時間になったらすぐに帰る
・見たいテレビ番組が見られなくても我慢する

年下の子が自分のおもちゃなどをいたずらしても怒らない
自分が負けても怒ったり騒いだりしない
できなくても諦めずに最後までがんばる
過ちを認めて自分から謝る
つまみ食いをしない
親戚やお友達の家にお泊まりすることができる
1時間くらいなら静かに待てる



## 自発性

雨の日には自分で雨具の用意をする
夏、外に出るとき言われなくても帽子をかぶる
自分からあいさつをする
困っている友達を見て助けようとする
悲しんでいる子を慰めようとする
少しぐらい壊れたおもちゃなら、自分で直そうとする
遅い子を手伝ってあげようとする
友達がケンカをしたら止めようとする

いけないこと、悪いことを勧められても「いいえ」と断わることができる
出かけるときの持ち物は自分で準備する
自分の荷物は自分で持つ
使った物は、言われなくても片づける
軽い怪我なら自分で薬をつける（虫刺され、バンソコウなど）
家族の一員として、自分にできそうなことは積極的に手伝う

## 清潔

つめが伸びたら「切って」と言う
服やハンカチの汚れを気にする
お風呂ではできるだけ自分で洗う
汗が出たらハンカチできちんと拭く
机を汚したときなど必要に応じてティッシュで拭く
食事やおやつの前には言われなくても手を洗う
朝起きたら顔を洗う
帰ってきたら、うがいと手洗いをする
寝る前に歯磨きをする

## 着衣

- 靴の左右を間違えないで正しく履ける
- 脱いだ靴をそろえる
- ファスナーの開け閉めができる
- ボタンやホックをはめたりはずしたりできる
- 裏返しになった洋服を表に戻す
- 衣服や靴の着脱はできるだけ立って行う
- 上着やコートをハンガーにかける
- 脱いだ服をきちんと整頓する
- 自分で襟を正して、ボタンを正しい位置で留める

## 食事

- 出されたものは嫌いなものでも食べようと努力する
- 人数を考えながら取り分けることができる
- 食事の用意や後片づけをする

## 公衆道徳

- 病院や図書館など、静かにしていなくてはいけない場所でマナーを守る
- 電車を利用するとき、ホームや車内でのマナーを守る
- 交差点で、信号を見て注意して渡れる
- エレベーターに乗るときは、降りてくる人を優先する
- 場所によって声の大きさを変えて話す

# あとがきにかえて



私の父は声が大きく、会社ではいつも赤ら顔で怒鳴っていたので、生徒にまで聞こえてしまうのではないかと心配したものだった。積極一貫でどんどん会社の規模を大きくした、精力的な人だった。また、仕事も速いが食べるのも速く、ショートケーキを二口でペロリと食べた。その父が突然倒れ、入院して手術を受けたのだが、その後半年間の闘病生活中も、理科かるたを作成したり、明智光秀の小説を執筆したりして、元来の積極性は衰えることはなかった。

そんな父も、亡くなる一週間前あたりからは、食事が喉を通らず、声もほとんど出なくなってしまった。ある日見舞いに行くと、父は目だけをこちらに向け、黙っていた。私は、「本も何冊か出版したし、70歳になってから博士号もとったし、たくさんの生徒と先生を指導してきた。すごいことをしてきたんだよ。たくさんの有形無形のものが残るね」と、できる限りの賞賛を父に贈った。その日は、父と母の結婚記念日だったので、母は結婚式の写真を父に見せていた。私は父に涙を見せたくなかったので視線を逸らし、ぼんやりと窓の外を見ていた。そのときだった。突然父が「ふみただ万歳」と二度三度、声を振り絞ってエールを送ってくれた。嬉しかった。

その後、父は亡くなるまでの間、私が見舞いに行っても話そうとはしなかった。母が「史直が来たわよ」と言っても、うなずいて、「わかっているよ」という顔をするだけだった。いつ逝ってもおかしくない状態の父には、「くだらない言葉を最後にしたくない」という気持ちがあっただろうし、私にかけるそれ以上の言葉もなかったのだろう。

生前、父は病床で、「万が一74歳で亡くなっても、少々早いがやろうとしていたことのほとんどができたのだから、百歳以上生きたような気がする。やり残したことがないわけではないが、生涯現役で仕事をしている以上、どこで死んでもやり残しはある」と言っていた。残ったものはお前たちへの宿題だと言わんばかりであった。

父が旅立ってから半年もした頃、母が少し整理をしたいというので、生前はほとんど入ることのなかった父の書斎を訪れた。幼児教育に関係する本や哲学書を家に持ち帰りページをめくると、あちらこちらに鉛筆で無造作に線が引いてあった。こういう言葉が父の感性に触れたのかと思うと、読んでいて何ともいえない温かい気持ちになった。親の想いは、生き様、言葉、痕跡などによって子どもに伝わっていくことを、改めて感じた。

もし、父がこの本を読んだら、どこに線を引いてくれただろうか。

私は今、父の仕事を引き継ぎ、母と兄を先頭に、父が育てた職員と一緒に、幼稚園・小学校受験の業をしている。父が最後に残してくれたエールとともに。

# 幼稚園のうちに
# 読んでもらいたい100冊の本

## 初めての絵本

01 『いやだいやだ』 せなけいこ （福音館書店）
02 『おんなじおんなじ』 多田ヒロシ （こぐま社）
03 『しろくまちゃんのほっとけーき』 わかやまけん （こぐま社）
04 『にんじんさんがあかいわけ』 松谷みよ子 作 ひらやまえいぞう 絵 （童心社）
05 『はじめまして』 グザビエ・ドゥヌ （小学館）
06 『やさいのおなか』 きうちかつ （福音館書店）

## 年少さんになったら

07 『あおくんときいろちゃん』 レオ・レオーニ 藤田圭雄 訳 （至光社）
08 『かしこいビル』
ウィリアム・ニコルソン まつおかきょうこ＆よしだしんいち 訳 （ペンギン社）
09 『かばくんのおかいもの』 ひろかわさえこ （あかね書房）
10 『くまのコールテンくん』 ドン・フリーマン まつおかきょうこ 訳 （偕成社）
11 『じぶんだけのいろ』 レオ・レオーニ 谷川俊太郎 訳 （好学社）
12 『１４ひきのおつきみ』 いわむらかずお （童心社）
13 『ちいさなヒッポ』 マーシャ・ブラウン うちだりさこ 訳 （偕成社）
14 『てぶくろ』 エウゲーニー・M・ラチョフ うちだりさこ 訳 （福音館書店）
15 『どうぞのいす』 香山美子 作 柿沼幸造 絵 （ひさかたチャイルド）
16 『とこちゃんはどこ』 松岡享子 作 加古里子 絵 （福音館書店）
17 『とん ことり』 筒井頼子 作 林明子 絵 （福音館書店）
18 『はっぱのおうち』 征矢清 作 林明子 絵 （福音館書店）
19 『はらぺこあおむし』 エリック・カール もりひさし 訳 （偕成社）
20 『ぼくはあるいた まっすぐ まっすぐ』
マーガレット・ワイズ・ブラウン 作 林朋子 絵 坪井郁美 訳 （ペンギン社）
21 『ぽとんぽとんはなんのおと』 神沢利子 作 平山英三 絵 （福音館書店）
22 『まいごになったぞう』 てらむらてるお 作 むらかみつとむ 絵 （偕成社）
23 『わたしのワンピース』 にしまきかやこ （こぐま社）
24 『わにさんどきっ はいしゃさんどきっ』 五味太郎 （偕成社）

25 『いいこってどんなこ？』
ジーン・モデシット 作　ロビン・スポワート 絵　もきかずこ 訳 （冨山房）

26 『ガンピーさんのふなあそび』
ジョン・バーニンガム　みつよしなつや 訳 （ぽるぷ出版）

27 『ぐるんぱのようちえん』 西内ミナミ 作　堀内誠一 絵 （福音館書店）

28 『パンやのろくちゃん』 長谷川義史 作　山本忠敬 絵 （小学館）

29 『しんせつなともだち』
ファン・イーチュン 作　村山知義 絵　君島久子 訳 （福音館書店）

30 『すいかのたね』 さとうわきこ （福音館書店）

31 『ちいさなもみのき』 佐久間彪 作　かすや昌宏 絵 （至光社）

32 『ちびっこちびおに』 あまんきみこ 作　わかやまけん 絵 （偕成社）

33 『はけたよはけたよ』 かんざわとしこ 作　にしまきかやこ 絵 （偕成社）

34 『ピーターのいす』 エズラ・ジャック・キーツ　きじまはじめ 訳 （偕成社）

## 年中さんになったら

35 『おじさんのかさ』 佐野洋子 （講談社）

36 『木はいいなあ』
ジャニス・メイ・ユードリイ 作　マーク・シーモント 絵　さいおんじちかこ 訳 （偕成社）

37 『ずーっとずっとだいすきだよ』
ハンス・ウィルヘルム　久山太市 訳 （評論社）

38 『ぴかくん めをまわす』 松居直 作　長新太 絵 （福音館書店）

39 『まあちゃんのながいかみ』 たかどのほうこ （福音館書店）

40 『わたし』 谷川俊太郎 作　長新太 絵 （福音館書店）

41 『あさえとちいさいいもうと』 筒井頼子 作　林明子 絵 （福音館書店）

42 『あのね、サンタの国ではね…』
松本智年・一色恭子 原案　嘉納純子 作　黒井健 絵 （偕成社）

43 『そらまめくんのぼくのいちにち』
なかや みわ （福音館書店）

44 『ミッケ！』ウォルター・ウィック 写真　ジーン・マルゾーロ 文　糸井重里 訳（小学館）

45 『かいじゅうたちのいるところ』
モーリス・センダック　じんぐうてるお 訳 （冨山房）

46 『かぜはどこへいくの』
シャーロット・ゾロトウ 作　ハワード・ノッツ 絵　まつおかきょうこ 訳（偕成社）

47 『からすのパンやさん』 かこさとし （偕成社）

48 『きつねとつきみそう』 こわせたまみ 作　いもとようこ 絵 （金の星社）
49 『きつねのおきゃくさま』 あまんきみこ 作　二俣英五郎 絵 （サンリード）
50 『キャベツくん』 長新太 （文研出版）
51 『ことりとねこのものがたり』 なかえよしを 作　上野紀子 絵 （金の星社）
52 『こんとあき』 林明子 （福音館書店）
53 『スイミー』 レオ・レオニ　谷川俊太郎 訳 （好学社）
54 『せんたくかあちゃん』 さとうわきこ （福音館書店）
55 『そらいろのたね』 なかがわりえこ 作　おおむらゆりこ 絵 （福音館書店）
56 『そらまめくんのベッド』 なかやみわ （福音館書店）
57 『だるまちゃんとてんぐちゃん』 加古里子 （福音館書店）
58 『ちいさな星の子と山ねこ』 にしまきかやこ （こぐま社）
59 『ちょっとそこまでぱんかいに』 山下明生 作　エム・ナマエ 絵 （サンリード）
60 『とべないほたる』 小沢昭巳 作　吉田むねふみ 絵 （ハート出版）
61 『はじめてのおつかい』 筒井頼子 作　林明子 絵 （福音館書店）
62 『はじめてのおるすばん』 しみずみちを 作　山本まつ子 絵 （岩崎書店）
63 『ハリーのセーター』
ジーン・ジオン 作　マーガレット・ブロイ・グレアム 絵　わたなべしげお 訳 （福音館書店）
64 『もりたろうさんのじどうしゃ』
おおいしまこと 作　きただたくし 絵 （ポプラ社）
65 『ろくべえまってろよ』 灰谷健次郎 作　長新太 絵 （文研出版）

## 年長さんになったら

66 『きいろいばけつ』 もりやまみやこ 作　つちだよしはる 絵 （あかね書房）
67 『これはのみのぴこ』 谷川俊太郎 作　和田誠 絵 （サンリード）
68 『サンタクロースってほんとにいるの？』
てるおかいつこ 作　すぎうらはんも 絵 （福音館書店）
69 『しずくのぼうけん』
マリア・テルリコフスカ 作　ボフダン・ブテンコ 絵　うちだりさこ 訳 （福音館書店）
70 『だいじょうぶ だいじょうぶ』 いとうひろし （講談社）
71 『なぞなぞライオン』 佐々木マキ （理論社）
72 『ピースランド』 高畠純 （絵本館）
73 『ぼんやり山のぼんたろう』 清水崑 （学習研究社）
74 写真絵本『あかちゃんてね』
星川ひろ子＆星川治雄 文・写真 （小学館）

75 『あかちゃんのうまれたひ』 浜田桂子 (福音館書店)

76 『あらしのよるに』 木村裕一 作 あべ弘士 絵 (講談社)

77 『いやいやえん』 中川李枝子 作 大村百合子 絵 (福音館書店)

78 『えんぴつびな』 長崎源之助 作 長谷川知子 絵 (金の星社)

79 『おしいれのぼうけん』 ふるたたるひ 作 たばたせいいち 絵 (童心社)

80 『おにたのぼうし』 あまんきみこ 作 いわさきちひろ 絵 (ポプラ社)

81 『うさぎのルーピースー』 どい かや (小学館)

82 『きょうはなんのひ?』 瀬田貞二 作 林明子 絵 (福音館書店)

83 『くんちゃんのはじめてのがっこう』
ドロシー・マリノ まさきるりこ 訳 (ペンギン社)

84 『けんかのきもち』 柴田愛子 作 伊藤秀男 絵 (ポプラ社)

85 『しろいうさぎとくろいうさぎ』
ガース・ウイリアムズ まつおかきょうこ 訳 (福音館書店)

86 『スーホの白い馬』 大塚勇三 作 赤羽末吉 絵 (福音館書店)

87 『だってだってのおばあさん』 さのようこ (フレーベル館)

88 『ちいさいおうち』 バージニア・リー・バートン いしいももこ 訳 (岩波書店)

89 『手ぶくろを買いに』 新美南吉 作 黒井健 絵 (偕成社)

90 『ないたあかおに』 はまだひろすけ 作 いけだたつお 絵 (偕成社)

91 『にじいろのさかな』 マーカス・フィースター 谷川俊太郎 訳 (講談社)

92 『はじめてのキャンプ』 林明子 (福音館書店)

93 『葉っぱのフレディ〜いのちの旅〜』
レオ・バスカーリア みらいなな 訳 (童話屋)

94 『花さき山』 斎藤隆介 作 滝平二郎 絵 (岩崎書店)

95 『100万回生きたねこ』 佐野洋子 (講談社)

96 『まりーちゃんとひつじ』 フランソワーズ 与田準一 訳 (岩崎書店)

97 『マリールイズ いえでする』
N. S. カールソン 作 J. アルエゴ/A. デューイ 絵 星川菜津代 訳 (童話館出版)

98 『むしばミュータンスのぼうけん』 かこさとし (童心社)

99 『ももいろのきりん』 中川李枝子 作 中川宗弥 絵 (福音館書店)

100 『わすれられないおくりもの』
スーザン・バーレイ 小川仁央 訳 (評論社)

幼稚園児を持つ親必読の「ジャック式」教科書

# 子どもはなぜ「跳び箱」を跳ばなければならないのか？

2008年6月21日
初版第1刷発行

著者　大岡史直

編集協力　鍋田吉郎
装丁　NAIJEL GRAPH
写真　鍵岡龍介
イラスト　ワタナベケンイチ

編集人　小林慎一郎
発行人　東 直子
発行所　株式会社 小学館

〒101-8001
東京都千代田区一ツ橋2-3-1
編集　03－3230－5949
販売　03－5281－3555

印刷所　凸版印刷株式会社
製本所　牧製本印刷株式会社



ISBN 978-4-09-840110-9